EDUCAÇÃO DAS RELAÇÕES ÉTNICO-RACIAIS

PROCESSOS EM CONSTRUÇÃO

EDUCAÇÃO DAS RELAÇÕES ÉTNICO-RACIAIS
PROCESSOS EM CONSTRUÇÃO

Organizadoras
Évelin Albert e Edmila Silva Gonzalez

Autores
Adriana Moreira da Rocha Veiga
Alexandre César Gilsogamo Gomes de Oliveira
Andressa Calderoni Jovanovich
Daniel Benedito Prado da Conceição
Edla Eggert
Edmila Silva Gonzalez
Elisangela da Silva Pindobeira
Eudes Marciel Barros Guimarães
Évelin Albert
Felipe Costa da Silva
Fernando Gabriel Morais Martins
Gustavo Alves
Isabelly Vieira da Silva
Luiza Coelho de Souza Rolla
Mara Lucia da Silva Ribeiro
Maria Beatriz Fernandes
Maurina Lima Silva
Neiva Viera Trevisan
Renata Cristina Queiroz Rodrigues Souza
Taís Cristine Fernandes Batista
Wilker Augusto Vieira

Freitas Bastos Editora

Copyright © 2025 by Adriana Moreira da Rocha Veiga, Alexandre César Gilsogamo Gomes de Oliveira, Andressa Calderoni Jovanovich, Daniel Benedito Prado da Conceição, Edmila Silva Gonzalez, Edla Eggert, Elisangela da Silva Pindobeira, Évelin Albert, Eudes Marciel Barros Guimarães, Felipe Costa da Silva, Fernando Gabriel Morais Martins, Gustavo Alves, Isabelly Vieira da Silva, Luiza Coelho de Souza Rolla, Mara Lucia da Silva Ribeiro, Maria Beatriz Fernandes, Maurina Lima Silva, Neiva Viera Trevisan, Renata Cristina Queiroz Rodrigues Souza, Taís Cristine Fernandes Batista e Wilker Augusto Vieira

Todos os direitos reservados e protegidos pela Lei 9.610, de 19.2.1998. É proibida a reprodução total ou parcial, por quaisquer meios, bem como a produção de apostilas, sem autorização prévia, por escrito, da Editora.

Direitos exclusivos da edição e distribuição em língua portuguesa:

Maria Augusta Delgado Livraria, Distribuidora e Editora

Direção Editorial: *Isaac D. Abulafia*
Gerência Editorial: *Marisol Soto*
Diagramação e Capa: *Deborah Célia Xavier*
Revisão: *Doralice Daiana da Silva*
Copidesque: *Lara Alves dos Santos Ferreira de Souza*

Dados Internacionais de Catalogação na Publicação (CIP) de acordo com ISBD

E24	Educação das relações étnico-raciais: processos em construção / Adriana Moreira da Rocha Veiga...[et al.] ; organizado por Edmila Silva Gonzalez, Évelin Albert. - Rio de Janeiro, RJ : Freitas Bastos, 2025. 276 p. ; 15,5cm x 23cm. ISBN: 978-65-5675-463-5 1. Educação. 2. Relações étnico-raciais. . Veiga, Adriana Moreira da Rocha. II. Oliveira, Alexandre César Gilsogamo Gomes de. III. Jovanovich, Andressa Calderoni. IV. Conceição, Daniel Benedito Prado da. V. Gonzalez, Edmila Silva. VI. Eggert, Edla. VII. Pindobeira, Elisangela da Silva. VIII. Albert, Évelin. IX. Guimarães, Eudes Marciel Barros. X. Silva, Felipe Costa da. XI. Martins, Fernando Gabriel Morais. XII. Alves, Gustavo. XIII. Silva, Isabelly Vieira da. XIV. Rolla, Luiza Coelho de Souza. XV. Ribeiro, Mara Lucia da Silva. XVI. Fernandes, Maria Beatriz. XVII. Silva, Maurina Lima. XVIII. Trevisan, Neiva Viera. XIX. Souza, Renata Cristina Queiroz Rodrigues. XX. Batista, Taís Cristine Fernandes. XXI. Vieira, Wilker Augusto. XXII. Título.	
2024-1359	CDD 370 CDU 37

Elaborado por Odilio Hilario Moreira Junior - CRB-8/9949

Índice para catálogo sistemático:
1. Educação 370
2. Educação 37

Freitas Bastos Editora
atendimento@freitasbastos.com
www.freitasbastos.com

SOBRE AS ORGANIZADORAS DO LIVRO

- **Évelin Albert**

Doutoranda em Educação pela Universidade Autônoma de Madrid (UAM), mestre em Educação pela Pontifícia Universidade Católica do Rio Grande do Sul (PUC-RS), mestre em Ciências da Educação pela Universidade de Lisboa (UL), motricista infantil pela Universidade Federal do Rio Grande do Sul (UFRGS), psicopedagoga pelo Instituto Educacional do Rio Grande do Sul (IERGS), pedagoga pela PUC-RS. É autora de quatro livros e pesquisadora no grupo "Pedagogía, Formación y Conciencia", da UAM.

- **Edmila Silva Gonzalez**

Doutoranda em Educação pela Universidade Federal de São Paulo (UNIFESP), é também mestra em Educação e Licenciada em Letras pela Universidade Estadual do Sudoeste da Bahia (UESB). Licenciada em Pedagogia pela Universidade do Estado da Bahia (UNEB). Integra o Grupo de Estudos e Pesquisa sobre Escola Pública, Infâncias e Formação de Educadores (GEPEPINFOR/UNIFESP) e o Grupo de Estudos em Linguagem, Formação de Professores e Práticas Educativas (GELFORPE/UESB).

Sumário

Parte 1

A ESCOLA E AS RELAÇÕES ÉTNICO-RACIAIS: O QUE A HISTÓRIA MOSTRA? ___ 13

Capítulo 1.
CONSTITUIÇÃO DO POVO BRASILEIRO: UMA HISTÓRIA DESSEMELHANTE ___ 15

1.1 Introdução ___ 15

1.2 A história de Portugal e a formação dos portugueses ___ 16

1.3 Encontro dos portugueses com os indígenas ___ 19

1.4 Povo africano ___ 23

1.5 Os imigrantes ___ 27

1.6 Os mestiços ___ 29

1.7 Conclusão ___ 31

Capítulo 2.
A HISTÓRIA DO NEGRO NA ESCOLA BRASILEIRA: ENTRE CONSTITUIÇÕES E LEIS ___ 35

2.1 Introdução ___ 35

2.2 História do negro na escola brasileira: constituições e leis ___ 37

    2.2.1 Brasil: 1824-1891 ___ 37

    2.2.2 Brasil: 1891-1934 ___ 42

2.2.3 Brasil: 1934-1937 ... 44

2.2.4 Brasil: 1937-1946 ... 45

2.2.5 Brasil: 1946-1967 ... 46

2.2.6 Brasil: 1967-1988 ... 46

2.2.7 Brasil: 1988-atualidade ... 47

2.3 Conclusão ... 49

Capítulo 3.
A HISTÓRIA DO INDÍGENA NA ESCOLA BRASILEIRA ... 55

3.1 Resgatando a educação do povo indígena no período da colonização ... 57

3.2 As políticas indigenistas ... 60

3.3 Primeiras conquistas ... 63

3.4 Os princípios da educação indígena: seus desafios ... 66

Capítulo 4.
DESIGUALDADES NO CONTEXTO DA ESCOLA PÚBLICA BRASILEIRA ... 73

4.1 Introdução ... 73

4.2 A educação brasileira ... 74

4.3 Desafios na educação infantil brasileira ... 76

4.4 Desafios no Ensino Fundamental e no Ensino Médio ... 82

4.5 Conclusão ... 87

Parte 2

DIVERSIDADE E IDENTIDADE ÉTNICO-RACIAL: O QUE A LEI DIZ? 95

Capítulo 1.

A LEI Nº 10.639/03 E AS SUAS IMPLICAÇÕES EM PROL DA DEMOCRACIA RACIAL 97

1.1 Introdução 97

1.2 Afinal de contas: o que é raça? 99

1.3 Mas será que existe racismo no Brasil? 103

1.4 Mas, afinal, o que é a tal democracia racial? 108

1.5 Contextualizando a Lei nº 10.639/03 111

1.6 Conclusão 115

Capítulo 2.

O CURRÍCULO ESCOLAR E AS SUAS RELAÇÕES COM A CULTURA, A MONOCULTURA E O MULTICULTURALISMO NO BRASIL 119

2.1 Os conceitos de cultura, monocultura e multiculturalismo relacionados à educação 122

2.2 A monocultura no currículo escolar 126

2.3 O multiculturalismo no currículo escolar 128

2.4 Os desafios de um currículo multicultural na prática 131

Capítulo 3.

RACISMO, PRECONCEITO E DISCRIMINAÇÃO: DESAFIOS E PERSPECTIVAS NA EDUCAÇÃO ANTIRRACISTA 137

3.1 Primeiras reflexões e entrelaçamentos 137

3.2 Desvelando o Racismo Estrutural 140

3.3 Algumas implicações do Racismo 143

3.4 Explorando as raízes do preconceito e do racismo 146

3.5 Reflexões sobre a urgência de transformação social 148

3.6 Conclusões 154

Capítulo 4.

DIVERSIDADE SOCIAL: UMA ABORDAGEM PLURIÉTNICA, MULTICULTURAL E MULTIDISCIPLINAR 159

4.1 Sobre a diversidade social brasileira 161

4.2 A abordagem pluriétnica 165

4.3 A abordagem multicultural 169

4.4 A abordagem multidisciplinar 174

4.5 Considerações finais 177

Parte 3

AÇÕES AFIRMATIVAS A PARTIR DA LEI N° 10.639/03 183

Capítulo 1.
EDUCAÇÃO ANTIRRACISTA: ABERTURAS A PARTIR DA LEI N° 10.639/03 185

1.1 Contextos de formulação de políticas 189

1.2 Lei n° 10.639/03 no contexto educacional: por que temos a impressão de que ela "não pegou"? 192

1.3 A necessidade de "desatar um nó" 193

1.4 A importância de superar um paradoxo 194

1.5 O olhar do morcego enquanto didática antirracista 198

1.6 O olhar dos pássaros: a fé na autorreferência 200

1.7 O olhar dos ratinhos: a fé na participação 201

1.8 O olhar dos morcegos: a fé na emancipação 202

1.9 Concluindo esta reflexão, perpetuando a luta 203

Capítulo 2.
DIVERSIDADES DIDÁTICAS NA EDUCAÇÃO ÉTNICO-RACIAL: EXPERIÊNCIAS QUE "NOS PASSAM" E SEGUEM PRODUZINDO INQUIETAÇÕES 209

2.1 Introdução 209

2.2 Diversidade étnica brasileira – recortes de um cotidiano 210

2.3 A herança da educação racista – recorte narrativo da branquitude 213

2.4 Recortes experienciais didáticos de ERER para a formação cidadã 216

2.5 As mulheres negras autoras e como é possível ensinar antirracismo para a Educação Básica 217

2.6 A presença de uma disciplina de divulgação do tema antirracista aberta em cursos de graduação 225

2.7 (In)Conclusões 227

Capítulo 3.
A FORMAÇÃO DE PROFESSORES PARA UMA EDUCAÇÃO ANTIRRACISTA 231

3.1 Considerações Iniciais 231

3.2 Os professores e a Lei n° 10.639/03 233

3.3 Formação de professores antirracistas 238

3.4 Considerações finais 244

Capítulo 4.
CONSTRUINDO UMA ESCOLA ANTIRRACISTA: UMA LUTA DE TODOS 251

4.1 Considerações iniciais 251

4.2 O impacto da educação na formação de valores e atitudes em relação à diversidade 254

4.3 Inspirações para pensar a escola antirracista: a Escola Maria Felipa (BA) e o clube de leitura "Ler em bando", do Colégio La Salle (SP) 257

4.4 A importância da construção de escolas antirracistas: um projeto coletivo 262

4.5 Considerações finais 266

Minibio AUTORES 269

Parte 1

A ESCOLA E AS RELAÇÕES ÉTNICO-RACIAIS: O QUE A HISTÓRIA MOSTRA?

Capítulo 1

CONSTITUIÇÃO DO POVO BRASILEIRO: UMA HISTÓRIA DESSEMELHANTE

Andressa Calderoni Jovanovich
Daniel Benedito Prado da Conceição
Fernando Gabriel Morais Martins
Wilker Augusto Vieira

1.1 Introdução

A História do Brasil é marcada por uma riqueza extraordinária de identidades étnicas e culturais, resultado das complexas interações entre os povos indígenas, europeus e africanos ao longo dos séculos. Desde os primeiros contatos entre os portugueses e as populações nativas do Brasil durante as Grandes Navegações, até a chegada dos colonizadores europeus, a relação entre indígenas e portugueses foi marcada por divergências e conflitos, bem como por alianças e interações culturais. Além disso, a chegada dos primeiros africanos ao país durante o período colonial contribuiu para a formação de uma sociedade brasileira moldada por uma intrincada rede de relações e processos interétnicos de miscigenação[1].

Essa miscigenação, evidenciada pela presença de comunidades quilombolas, pelos movimentos sociais liderados por negros e pelo surgimento de novas etnias como mestiços, mulatos e caboclos, teve um papel fundamental na construção de uma identidade nacional única. No entanto, apesar das contribuições significativas dessas interações culturais, a abolição da escravidão não trouxe verdadeira igualdade e integração social, e as comunidades afrodescendentes continuaram enfrentando desafios significativos, refletidos nas disparidades socioeconômicas e no racismo estrutural, ainda presente na sociedade brasileira contemporânea.

Ao examinar a História do Brasil, é essencial compreender não apenas eventos históricos isolados, como a abolição da escravidão, mas também as implicações mais amplas desses eventos na complexa organização social brasileira, que continua a ser moldada pela diversidade étnica e cultural que caracteriza o país.

1.2 A história de Portugal e a formação dos portugueses

Os portugueses foram os primeiros europeus a entrar em contato com as populações nativas do Brasil. Historicamente, é conhecido que cerca de 100 mil portugueses emigraram para o país durante os dois primeiros séculos. Junto a esses portugueses, outras populações minoritárias, como os cristãos-novos e os ciganos, também vieram do reino de Portugal após o descobrimento, como forma de suprir o povoamento. Além disso, o reino de Portugal enviou para o Brasil degredados condenados ao exílio por algum crime (Venâncio, 2007).

---

1   Consiste na mistura de raças, de povos e de diferentes etnias.

Segundo Dias e Ferreira (2016), a origem dos portugueses remonta à pré-história, com as primeiras evidências de vida na região ocidental da Península Ibérica, entre 40.000 e 8.000 a.C. Durante o período Neolítico, o modo de vida foi modificado, com a introdução da agricultura e da pastorícia por viajantes do Mediterrâneo à Península. Na Idade do Bronze, entre 900 e 700 a.C., iniciaram-se o comércio de metais e a chegada de outros povos, como os Gregos e os Fenícios. Próximo a esse período, também surgiram na região norte os povos Castrejos, conhecidos por sua cultura de construção de aldeias fortificadas nos topos de montes. Cerca de cinco séculos a.C., os Celtas invadiram a Península e se misturaram com as populações locais, dando origem aos povos Celtiberos. Os Lusitanos eram a tribo mais célebre entre os povos dessa origem e se opuseram à invasão romana, que teve início em 218 a.C. Os romanos invadiram a região com o objetivo de subjugar essas populações, trazendo consigo sua cultura, leis, cristianismo e língua latina, que deu origem ao Português e ao Castelhano.

Após esse período, entre os séculos V e VIII, a Península Ibérica também foi invadida por povos Germânicos, Berberes e Árabes. Estes últimos influenciaram toda a região por séculos até sua expulsão pelas campanhas militares de reis cristãos, conhecidas como a Reconquista. Em 1139, D. Afonso I venceu a Batalha de Ourique e proclamou-se rei, dando origem, assim, ao Reino de Portugal. Entre os anos de 1249 e 1250, o Reino de Portugal reconquistou os últimos territórios ocupados por vilas islâmicas no Algarve, consolidando-se Portugal como é conhecido atualmente.

Essa grande diversidade em sua origem levou alguns estudiosos do surgimento do povo brasileiro a se posicionarem contra o racismo "científico"[2] defendido durante o século XIX e início do século XX. Esses estudiosos

---

2 Conjunto de teses desenvolvidas no século XVII que consistem na noção, praticada por pessoas racistas, de que exista uma raça superior e outra inferior por meio do que consideram estes evidências empíricas.

entenderam que os portugueses teriam uma maior predisposição para viver nos trópicos e miscigenar com outros povos do que os colonizadores ingleses e espanhóis. Essa perspectiva é destacada pelo autor Gilberto Freyre, no trecho do livro **Casa-Grande e Senzala**:

> Predisposto pela sua situação geográfica a ponto de contato, de trânsito, de intercomunicação e de conflito entre elementos diversos, quer étnicos, quer sociais, Portugal acusa em sua antropologia, tanto quanto em sua cultura, uma grande variedade de antagonismos, uns em equilíbrio, outros em conflito. Esses antagonismos em conflito são apenas a parte indigesta da formação portuguesa: a parte maior se mostra harmoniosa nos seus contrastes, formando um todo social plástico, que é o caracteristicamente português (Freyre, 2006, p. 278).

Entretanto, as ideias de Freyre foram questionadas após algumas décadas. Críticos as evidenciaram como o mito da democracia racial (Guimarães, 2001). Darcy Ribeiro (2015) argumenta sobre Freyre que a miscigenação do europeu com outras etnias ocorreu em várias outras localidades, como na África do Sul, país que era dominado por ingleses e holandeses, e também possuía uma parcela de sua população mestiça. Isso não seria uma característica exclusiva da colonização portuguesa no Brasil. A diferença entre esses países seria que, posteriormente, a população mestiça sul-africana seria substituída por uma composição homogênea de homens e mulheres brancos. Outro aspecto que diferenciou a colonização ibérica da inglesa foi a motivação. Ainda segundo o autor, os ingleses queriam transplantar sua cultura mundo afora, recriando novas "Inglaterras", e faziam isso sem o controle religioso do Vaticano. Já os Ibéricos buscavam riquezas e estavam profundamente ligados a uma missão salvacionista de expansão da Igreja Católica Apostólica Romana.

Os colonizadores portugueses se estabeleceram no Brasil como classe dominante, possivelmente devido às suas experiências anteriores à chegada nas Américas. Desde o início do século XV, navegavam com o objetivo teórico de expandir a fé cristã. Descobriram as ilhas dos Açores em 1427 e ultrapassaram o cabo Bojador. Entre os anos de 1441 e 1481, alcançaram a costa ocidental da África, entrando em contato com países como Mauritânia, Guiné, Serra Leoa, Cabo Verde e Gana. Nesses primeiros anos, já negociavam aquisições comerciais e escravizados. No início de 1440, foi estabelecida a primeira feitoria portuguesa na ilha de Arguim, explorando grandes quantidades de ouro da região. Em 1498, os navegadores portugueses alcançaram a Índia e levaram consigo carregamentos de especiarias (Dias; Ferreira, 2016). Em outras palavras, os portugueses já possuíam uma estrutura colonial e hierarquia social bem delimitada, trazendo essa estrutura durante a colonização e adaptando-a à realidade brasileira.

1.3 Encontro dos portugueses com os indígenas

No ano de 1500, ocorreu a chegada dos portugueses ao território que hoje conhecemos como Brasil, liderados pela armada de Pedro Álvares Cabral. No entanto, nesse primeiro contato, não houve um aproveitamento pleno do território. O principal produto explorado foi o pau-brasil, que posteriormente deu nome à região, até então conhecida como Terra de Vera Cruz ou somente Vera Cruz (Dias; Ferreira, 2016). Segundo Darcy Ribeiro (2015, p. 34):

Os índios perceberam a chegada dos europeus como um acontecimento espantoso, só assimilável em sua visão mítica de mundo. Seriam gente de seu deus sol, o criador – Maíra –, que vinha milagrosamente sobre as ondas do mar grosso. Não havia como interpretar seus desígnios, tanto podiam ser ferozes como pacíficos, espoliadores ou dadores.

No entanto, na perspectiva dos recém-chegados, os indígenas tinham "um defeito capital: eram vadios, vivendo uma vida inútil e sem prestança. Que é que produziam? Nada. Que é que amealhavam? Nada. Viviam suas fúteis vidas fartas, como se neste mundo só lhes coubesse viver" (Ribeiro, 2015, p. 34).

A palavra índio trata-se de uma palavra genérica que se popularizou desde o princípio da colonização ibérica para designar uma infinidade de grupos étnicos, diversos troncos linguísticos, centenas de famílias linguísticas independentes, tal palavra rivalizou-se com a palavra, gentio que foi usada pelos jesuítas e era coerente com o propósito missionário que os animava (Vainfas, 2007).

Segundo Vainfas (2007), devido à diversidade de grupos indígenas, era necessário identificá-los, seja para melhor escravizá-los ou catequizá-los. Isso levou à criação genérica das denominações Tupi e Tapuia. Entretanto, a denominação "tapuia" nada mais era do que o vocabulário em tupi para aqueles que não falavam a língua tupi (ou língua geral), ou seja, povos de outros troncos linguísticos. Ainda conforme o mesmo autor:

> Assim, os povos que falavam a "língua geral", foram denominados, com diferentes grafias, de tupinambás, tupiniquins, potiguares, caetés, tamoios, temiminós, etc. Em oposição ou à diferença deles, os "tapuias" também foram identificados como aymorés, goitacazes, guaianás, kariris, etc. (Vainfas, 2007, p. 39).

Na cultura indígena, sobretudo a de matriz tupi, de acordo com Ribeiro (2015), havia a prática do cunhadismo, que consistia em dar uma moça índia como esposa a um estrangeiro como forma de integrá-lo à comunidade, na visão do autor essa teria sido "a instituição social que possibilitou a formação do povo brasileiro (…) sem a prática do cunhadismo, era impraticável a criação do Brasil" (Ribeiro, 2015, p. 63-64).

Apesar de a chegada dos portugueses ao Brasil ser em 1500, somente após três décadas é que começa uma preocupação em colonizar e proteger as terras brasileiras. Isso ocorreu porque traficantes franceses estavam interessados no pau-brasil e assediavam a costa litoral do Nordeste brasileiro. Conforme Bueno (1999, p. 19), "D. João III e seus conselheiros perceberam que seria preciso enfrentar imediatamente o inimigo". Dessa forma, "com D. João III (1521-1557), o povoamento do Brasil tornou-se uma prioridade, tendo como principal objetivo impedir a instalação de bases de piratas franceses na região" (Dias; Ferreira, 2016, p. 100).

Com a intenção de estabelecer o controle sobre o litoral, de acordo com Hermann (2007), adotou-se o sistema de capitanias hereditárias, no qual se doaram 14 donatárias, para promover a ocupação do país.

O autor destaca que

> a adoção desse regime longe esteve de solucionar a questão da ocupação e colonização do Brasil, pois não foram poucas as capitanias que fracassaram diante dos assaltos indígenas e da falta de proteção aos ataques estrangeiros. Mas não há dúvida de que foi através desse sistema de capitanias que os primeiros núcleos de ocupação e colonização portuguesa do Brasil foram estabelecidos, a exemplo de São Vicente, concedida a Martim Afonso de Sousa, em 1532, e de Pernambuco, base da economia açucareira então iniciada, concedida a Duarte Coelho, em 1534 (Hermann, 2007, p. 23).

Além dos donatários e colonos, vieram ao Brasil também os degredados para cumprir as suas penas na colônia sul-americana; consoante Bueno (1999, p. 14) "... foram eles que deram início à ocupação mais intensa do território, se tornaram responsáveis pela miscigenação dos portugueses com nativos e por sua adaptação ao novo meio no qual se viram instalados".

Nas primeiras três décadas, o relacionamento dos indígenas com os europeus dava-se por meio do escambo, ou seja, os nativos realizavam serviços (cortavam, desbastavam e transportavam toras de pau-brasil) em troca de bugigangas como anzóis, espelho e machados (Bueno,1999).

Entretanto, "com o início da colonização, a partir da década de 1530, o quadro mudaria radicalmente" (Vainfas, 2007, p. 45). Ainda conforme o mesmo autor:

> Vários grupos se engajariam no fornecimento de escravizados para as nascentes lavouras canavieiras em troca de armas, o que fez ativar a limites extremos a "máquina de guerra" característica da cultura Tupinambá. A exacerbação da guerra seguia de perto, assim, a demanda colonial de mão de obra, o tráfico e a escravidão indígena (Vainfas, 2007, p. 45).

Ribeiro (2015) destaca que, frente à invasão europeia, os indígenas lutaram para defender seu modo de ser e viver, sobretudo depois de perderem as ilusões de contatos pacíficos, pois perceberam que a submissão ao invasor representava sua desumanização como bestas de carga. Bueno (1999, p. 15) comenta que os portugueses, "ao recorrerem à escravização em massa dos indígenas – que às vezes não poupava nem antigos aliados –, colonos e degradados provocaram a insurreição generalizada das tribos Tupi".

Conforme Vainfas (2007, p. 47), "diversos grupos indígenas reagiram de formas variadas às crises desencadeadas pela colonização", de maneira que "moveram inúmeros ataques aos núcleos de povoamento portugueses, destruíram engenhos, fizeram abortar diversas capitanias hereditárias, dentre as implantadas no Brasil por D. João III" (Vainfas, 2007, p. 47).

O primeiro governador chega ao Brasil em 1549, e com ele chegam também funcionários civis, militares, soldados, artesãos e os primeiros padres jesuítas (Ribeiro, 2015). Os padres jesuítas que vieram tinham como objetivo apaziguar as resistências indígenas à colonização portuguesa, assim, usaram da catequese como forma de homogeneização para apagar as diferenças culturais entre os grupos (Vainfas, 2007). Segundo Darcy Ribeiro (2015), os jesuítas agruparam cerca de 34 mil indígenas em 11 paróquias, dando origem às missões.

> As missões jesuíticas se tornaram, muitas vezes, um preâmbulo da escravização e um viveiro de epidemias. Principalmente a varíola, em ondas sucessivas a partir da década de 1560, dizimou aldeias inteiras, flagelando a população indígena da Bahia, sem excluir outras capitanias e o planalto paulista (Vainfas, 2007, p. 45-47).

Ainda que os jesuítas tenham colocado barreiras à escravização indígena, ela perdurou por todo o primeiro século da colonização. Somente no século XVII é que a escravidão negra viria a sobrepujá-la (Ribeiro, 2015).

1.4 Povo africano

A chegada dos primeiros africanos ao Brasil remonta aos primórdios do período colonial, marcando um dos capítulos mais sombrios da história do país. No contexto das Grandes Navegações, impulsionadas pela exploração marítima portuguesa nos séculos XV e XVI, o tráfico de africanos escravizados foi iniciado como resposta à crescente demanda por mão de obra nas colônias recém-descobertas. Os africanos escravizados não eram apenas força de trabalho, mas também portadores de culturas ricas e diversas. Suas tradições, línguas e crenças, muitas vezes sincretizadas com as práticas locais, contribuíram para a formação da identidade cultural brasileira, uma vez que advinham de diferentes povos tribais espalhados pela costa da África, conforme mencionado por Ribeiro:

> Os negros do Brasil, trazidos principalmente da costa ocidental da África, foram capturados meio ao acaso nas centenas de povos tribais que falavam dialetos e línguas não inteligíveis uns aos outros. A África era, então, como ainda hoje é, em larga medida, uma imensa Babel de línguas. Embora mais homogêneos no plano da cultura, os africanos variavam também largamente nessa esfera. Tudo isso fazia com que a uniformidade racial não correspondesse a uma unidade linguístico-cultural, que ensejasse uma unificação, quando os negros se encontraram submetidos todos à escravidão (Ribeiro, 2015, p. 87).

A exploração do continente africano para alimentar a máquina escravista foi uma prática duradoura. Por meio dessas narrativas de dor e luta, emerge a história dos primeiros africanos no Brasil, cujo legado é intrínseco à construção social, econômica e cultural do país. Essa diáspora forçada, iniciada no contexto do descobrimento, é um ponto-chave para compreender as complexidades e os desafios enfrentados pela população negra ao longo dos séculos no Brasil.

> Encontrando-se dispersos na terra nova, ao lado de outros escravos, seus iguais na cor e na condição servil, mas diferentes na língua, na identificação tribal e frequentemente

hostis pelos referidos conflitos de origem, os negros foram compelidos a incorporar-se passivamente no universo cultural da nova sociedade. Dão, apesar de circunstâncias tão adversas, um passo adiante dos outros povoadores ao aprender o português com que os capatazes lhes gritavam e que, mais tarde, utilizariam para comunicar-se entre si. Acabaram conseguindo aportuguesar o Brasil, além de influenciar de múltiplas maneiras as áreas culturais onde mais se concentraram (Ribeiro, 2015, p. 87-88).

O ciclo do açúcar, estabelecido principalmente nos séculos XVI e XVII, foi um período crucial na História do Brasil colonial. Marcado pela expansão das plantações de cana-de-açúcar, trouxe consigo um aumento significativo no número de africanos trazidos como escravizados para trabalhar nas lavouras e nos engenhos. Com o declínio do ciclo do açúcar, o Brasil experimentou uma nova fase econômica durante os séculos XVIII e XIX, o chamado ciclo do ouro. A descoberta de minas de ouro e diamantes no interior do país requisitou uma nova demanda de africanos escravizados para trabalhar nas minas e nas áreas urbanas em expansão em diferentes atividades, conforme apontado por Reis:

Os escravos foram utilizados não apenas na produção de açúcar, café, algodão, minérios e outros produtos de exportação. Terminaram sendo também empregados na agricultura de abastecimento interno, na criação de gado e charqueadas, nas pequenas manufaturas, no trabalho doméstico, em uma grande variedade de ofícios mecânicos e toda ordem de ocupações urbanas (Reis, 2007, p. 81).

Apesar das condições desumanas da escravidão, comunidades afrodescendentes continuaram a resistir, preservando tradições e contribuindo para a formação da sociedade brasileira. O ciclo do ouro marcou um período de transição na presença africana no Brasil, moldando a dinâmica social e econômica do país durante essa época.

O processo de abolição da escravatura no Brasil representa um marco histórico, culminando na promulgação da Lei Áurea, em 13 de maio de 1888. Esse evento, entretanto, não pode ser analisado isoladamente, pois é parte de um contexto mais amplo que envolveu transformações sociais, econômicas e políticas. A pressão internacional contra o tráfico negreiro, somada às crescentes mobilizações e resistências dos próprios escravizados, contribuiu para o movimento abolicionista. A sociedade brasileira, impulsionada por ideias iluministas e pelo debate sobre a igualdade dos seres humanos, passou por intensas mudanças durante o século XIX, influenciadas pelo branqueamento demográfico e cultural de forma a contribuir com a efetivação da abolição.

> Isto significava, para os europocêntricos mais radicais, destroçar a cultura de extração africana e até subtrair o negro da população do País. Não através de programas de genocídio, evidentemente, mas com a adoção de estratégias políticas e políticas públicas explícitas de branqueamento demográfico e cultural. É isso que explica, em grande parte, o esforço em promover a imigração europeia, imaginada como recurso ideal para a inevitável e iminente substituição do trabalhador escravo pelo trabalhador livre. Foi sob esse clima que aconteceu a abolição no Brasil, num momento em que, subsidiando decisões políticas, muitos de nossos intelectuais divulgavam ideologias europeias raciais, travestidas de ciência, que pontificavam sobre a inferioridade do negro e a degenerescência do mestiço (Reis, 2007, p. 93).

No entanto, a abolição não trouxe consigo a verdadeira igualdade e integração social. A população negra, agora liberta, enfrentou desafios significativos, como a ausência de políticas de inclusão e a persistência de preconceitos enraizados. As chamadas "Leis de Vadiagem" e o abandono dos ex-escravizados por parte do Estado dificultaram a plena inserção dessa população na sociedade pós-abolição. O legado da escravidão persiste até os dias atuais, refletindo-se em disparidades socioeconômicas, racismo estrutural e debates sobre a reparação histórica. Ao examinar a abolição da escravatura, é fundamental considerar não apenas o ato legislativo em si, mas também suas implicações e desdobramentos no complexo tecido social brasileiro.

1.5 Os imigrantes

Com a abolição do tráfico negreiro, intensificou-se o processo imigratório de europeus para suprir a mão de obra para o trabalho na lavoura de café e para povoamento em regiões não habitadas, principalmente nas regiões Sul e Sudeste do Brasil. A partir da segunda metade do século XIX, um contingente significativo de portugueses, espanhóis, alemães, italianos, poloneses, austríacos, russos, sírio-libaneses e japoneses começou a entrar no país. Apesar deste grande deslocamento, Darcy Ribeiro (2015) acreditava que a população nacional já era tão numerosa e característica do ponto de vista étnico que esses imigrantes não conseguiram causar grandes impactos, apenas criaram conglomerados regionais com características europeias, especialmente no sul do país.

No entanto, diferente do que ocorreu em países rio-platenses, onde os imigrantes europeus substituíram as populações nativas, criando uma nova fisionomia na população, no Brasil havia a intenção de que o mesmo ocorresse. A elite nacional e o poder público apoiavam a criação do branqueamento da população nacional por meio de estratégias políticas e políticas públicas, ideias que eram ainda apoiadas por ideólogos do arianismo daquele período. Os imigrantes italianos eram considerados o "tipo ideal" dessa política, pois eram próximos cultural e linguisticamente aos portugueses e espanhóis, o que facilitaria sua incorporação à população local (Gomes, 2007; Gregory, 2007; Kodama, 2007; Reis, 2007).

Para estimular a imigração em alguns locais, os recém-chegados ganharam lotes de terra e ajuda econômica, garantindo-lhes uma melhor condição de vida do que aos nacionais. No entanto, o trabalho rural não era a única atividade laboral a ser realizada por esses imigrantes. Muitos deles foram para cidades, uma vez que eram profissionais urbanos, comerciantes, operários, artesãos, professores, industriais, entre outros (Gomes, 2007; Gregory, 2007).

Outra característica que pode ter contribuído para que os imigrantes tivessem uma condição social elevada foi o maior nível de instrução em comparação aos nativos. Cerca de 90% dos alemães e dos japoneses que imigraram para o Brasil eram alfabetizados. Além dos alemães e japoneses, outros grupos de imigrantes recém-chegados também construíram escolas étnicas, tanto em regiões urbanas quanto em comunidades rurais, sendo esta última de forma mais expressiva. Tais escolas acabaram no ano de 1939, com a mudança da legislação e a nacionalização dessas instituições (Fonseca, 2011). Comparando com a taxa nacional de analfabetismo dos brasileiros segundo os censos do IBGE, em 1890 era de 82,6% e em 1920 era de 71,2%.

1.6 Os mestiços

O Brasil é conhecido por concentrar uma riqueza em identidades étnicas e culturais. A formação da cultura brasileira se deu por meio de heranças indígenas, europeias e africanas. Nesse sentido, cabe ressaltar a mestiçagem formada historicamente no país, que representa grande parte do número de brasileiros atuais, de acordo com o Censo de 2022 do Instituto Brasileiro de Geografia e Estatística (IBGE). "Cerca de 92,1 milhões de pessoas (ou 45,3% da população do país) se declararam pardas (descendentes de brancos, negros e indígenas). Foi a primeira vez desde 1991 que esse grupo predominou" (Belandi; Gomes, 2024). Logo, a identidade brasileira atual é composta pelos descendentes desses três povos do período colonial e parte das heranças étnicas que os mesmos ao se relacionarem puderam gerar para compor esse processo denominado mestiçagem que foi a inserção de novas "cores" no povo ao longo de décadas.

Nesse trecho é interessante ressaltar algumas perspectivas advindas do sociólogo Gilberto Freyre em relação ao modo de pensar a formação do povo brasileiro com destaque para os povos mestiços e também tentar explicar quem é esse indivíduo que se diferencia tanto na visão tradicional dos europeus, mas que em verdade é a junção de dois grupos que resulta em indivíduos com características únicas e que formariam o povo brasileiro na identidade que se encontra atualmente.

As relações ocorridas durante o período colonial do Brasil entre portugueses, indígenas e africanos ficaram marcadas por um processo de miscigenação que descreve muito da formação do povo brasileiro ao longo de décadas desde o descobrimento do Brasil. Acabaram por resultar no surgimento dos "mestiços", dos "mulatos" e dos "mamelucos". Essas classificações têm a ver com a fusão de dois povos diferentes, resultando em indivíduos com características próprias e únicas.

> Neste caso, o Brasil não foi teatro de nenhuma grande novidade. A mistura (...) de cor tinha começado amplamente na própria metrópole. Já antes de 1500, graças ao trabalho de pretos trazidos das possessões ultramarinas, fora possível, no reino, estender a porção do solo cultivado, desbravar matos, dessangrar pântanos e transformar charnecas em lavouras, com o que se abriu passo à fundação de povoados novos (Holanda, 2014, p. 61).

Dessa maneira, nota-se que já havia relações entre portugueses e outras etnias decorrentes dessas expedições de exploração e domínio ibérico nas colônias africanas. Tal comportamento se expandiu com os nativos do Brasil e posteriormente com a introdução de negros escravizados para servirem de mão de obra nas monoculturas do açúcar. Segundo Darcy Ribeiro, "compostos originalmente de mamelucos ou brasilíndios, gerados pela mestiçagem de europeus e índios", surgiria uma nova formação de brasileiros durante o período do açúcar no Brasil (Ribeiro, 2015, p. 74).

Além dos mamelucos, havia os mulatos, que eram mestiços de brancos com negros e, por fim, os caboclos de negros com indígenas (Ribeiro, 2015). A partir desses novos povos que se formavam no Brasil, era possível notar a importância do mestiço na construção de uma nova identidade nacional.

Há mais variações de nomenclaturas dadas aos povos miscigenados que se construíram gradativamente conforme o domínio português se expandiu pela nação; fica aclarada a complexidade desses novos povos formados por meio do fragmento do historiador Roquette Pinto *apud* Freyre:

> "É grave erro acreditar que no grande sertão central e na baixada amazônica o sertanejo seja só caboclo". "Tanto nas chapadas do Nordeste como nos seringais", acrescenta, "há cafuzos ou caborés, representantes de uma parte de sangue africano".

E sublinha o fato de muito negro ter deixado o litoral ou a zona açucareira para ir se aquilombar no sertão: "Muitos escravos fugiam para se aquilombar nas matas, nas vizinhanças de tribos índias" (Pinto *apud* Freyre, 2006, p. 108).

1.7 Conclusão

O Brasil é um povo que se desenvolveu e ganhou seus contornos próprios, sendo um país único que recebeu distintas influências ao longo de sua história. Para além das diferenças étnicas, há diversos modos de ser brasileiro: culturas regionais, sotaques, modos de vida. Entretanto, essa grande diversidade gerou também dessemelhanças. Por exemplo, o racismo estrutural resistiu por anos, reproduzindo o passado colonial do brasileiro. O foco econômico do país ao se voltar ao centro-sul excluiu outras regiões que foram exploradas economicamente anteriormente, e a mídia sempre voltada à região Sudeste.

Atualmente, os grupos marginalizados formam resistência dentro da sociedade brasileira: negros, indígenas, mulheres, entre outros que buscam seu espaço e querem ser escutados, ademais, o brasileiro é resistente, apesar de todo o seu passado sofrido, permeado de desigualdades, ele se mantém em pé e segue em frente, nas palavras de Darcy Ribeiro (2015, p. 91):

Nenhum povo que passasse por isso como sua rotina de vida, através de séculos, sairia dela sem ficar marcado indelevelmente. Todos nós, brasileiros, somos carne da carne daqueles pretos e índios supliciados. Todos nós brasileiros somos, por igual, a mão possessa que os supliciou. A doçura mais terna e a crueldade mais atroz aqui se conjugaram para fazer de nós a gente sentida e sofrida que somos e a gente insensível e brutal, que também somos. Descendentes de escravos e de senhores de escravos seremos sempre servos da malignidade destilada e instalada em nós, tanto pelo sentimento da dor intencionalmente produzida para doer mais, quanto pelo exercício da brutalidade sobre homens, sobre mulheres, sobre crianças convertidas em pasto de nossa fúria.

Referências

BELANDI, C.; GOMES, I. Censo 2022: pela primeira vez, desde 1991, a maior parte da população do Brasil se declara parda. **Agência IBGE notícias**. 26 jan. 2024. Disponível em: https://agenciadenoticias.ibge.gov.br/agencia-noticias/2012-agencia-de-noticias/noticias/38719-censo-2022-pela-primeira-vez-desde-1991-a-maior-parte-da-populacao-do-brasil-se-declara-parda. Acesso em: 30 jan. 2024.

BOAS, F. **A mente do ser humano primitivo**. Petrópolis: Vozes, 2010.

BUENO, E. **Capitães do Brasil**: a saga dos primeiros colonizadores. Rio de Janeiro: Objetiva, 1999.

DIAS, P.; FERREIRA, D. **História de Portugal:** o que todos precisamos saber. 1. ed. Lisboa: Verso da Kapa, 2016.

FONSECA, M. V.; SILVA, C. M. N.; FERNANDES, A. B. (Orgs.). **Relações étnico-raciais e educação no Brasil**. Belo Horizonte: Mazza Edições, 2011.

FREYRE, G. **Casa-Grande & Senzala:** formação da família brasileira sob o regime da economia patriarcal. 51. ed. São Paulo: Global Editora, 2006.

GALEANO, E. **As veias abertas da América Latina.** 1. ed. Porto Alegre: L&PM, 2010.

GOMES, A. de C. Imigrantes italianos: entre a *italianità* e a brasilidade. *In*: VAINFAS, R. (Org.). **Brasil:** 500 anos de povoamento. 1. ed. Rio de Janeiro: IBGE, 2007. v. 1, p. 159 -178.

GREGORY, V. Imigração alemã: formação de uma comunidade teuto--brasileira. *In*: VAINFAS, R. (Org.). **Brasil:** 500 anos de povoamento. 1. ed. Rio de Janeiro: IBGE, 2007. v. 1, p. 141-158.

GUIMARÃES, A. S. A. Democracia racial: o ideal, o pacto e o mito. **Novos Estudos Cebrap,** v. 61, p. 147-162, 2001.

HERMANN, J. Cenário do encontro de povos: a construção do território. *In*: VAINFAS, R. (Org.). **Brasil:** 500 anos de povoamento. 1. ed. Rio de Janeiro: IBGE, 2007. v. 1, p. 17-33.

HOLANDA, Sérgio Buarque de. **Raízes do Brasil.** 27. ed. São Paulo: Companhia das Letras, 2014. v. 27, p. 61.

KODAMA, K. O sol nascente do Brasil: um balanço da imigração japonesa. *In*: VAINFAS, R. (Org.). **Brasil:** 500 anos de povoamento. 1. ed. Rio de Janeiro: IBGE, 2007. v. 1, p. 197-215.

REIS, João José. Presença negra: conflitos e encontros. *In*: VAINFAS, R. (Org.). **Brasil:** 500 anos de povoamento. 1. ed. Rio de Janeiro: IBGE, 2007. v. 1, p. 79-100.

RIBEIRO, Darcy. **O povo brasileiro:** a formação e o sentido do Brasil. 3. ed. São Paulo: Global, 2015.

VAINFAS, R. História indígena: 500 anos de despovoamento. *In*: VAINFAS, R. (Org.). **Brasil:** 500 anos de povoamento. 1. ed. Rio de Janeiro: IBGE, 2007. v. 1, p. 35-60.

VENÂNCIO, R. P. Presença portuguesa: de colonizadores a imigrantes. *In*: VAINFAS, R. (Org.). **Brasil:** 500 anos de povoamento. 1. ed. Rio de Janeiro: IBGE, 2007. v. 1, p. 61-78.

Capítulo 2

A HISTÓRIA DO NEGRO NA ESCOLA BRASILEIRA: ENTRE CONSTITUIÇÕES E LEIS

Évelin Albert

2.1 Introdução

A trajetória histórica da educação no Brasil, delineada ao longo das diferentes Constituições que regeram o país desde o Império até os dias atuais, revela um panorama complexo e multifacetado. Desde a outorga da primeira Constituição Imperial em 1824 até a promulgação da Constituição de 1988, o acesso à escola pública e a qualidade do ensino estiveram sujeitos a inúmeras transformações e desafios.

Ao examinar cada uma dessas Constituições, é evidente que a narrativa de que a escola pública sempre foi acessível no passado não reflete a realidade. Ao contrário, as políticas educacionais ao longo dos anos estiveram permeadas por desigualdades sociais, raciais e de gênero, revelando um constante descompasso entre os discursos oficiais e as práticas efetivas.

A Constituição Imperial de 1824, por exemplo, embora tenha introduzido a instrução primária gratuita para todos os cidadãos, na prática excluiu significativas parcelas da população, especialmente os negros e os mais pobres, que enfrentavam barreiras para frequentar a escola pública. Além disso, a discriminação de gênero também se fazia presente, com as mulheres tendo acesso limitado a certas disciplinas e ocupando posições subalternas no magistério.

O cenário educacional começou a passar por transformações significativas com a abolição da escravatura em 1888 e a proclamação da República em 1889. A Constituição de 1891 refletiu essas mudanças, enfatizando princípios como laicidade e separação dos poderes, mas ainda enfrentando desafios em garantir uma educação verdadeiramente inclusiva e democrática.

A partir da década de 1930, com a promulgação da Constituição de 1934, durante o governo de Getúlio Vargas, houve avanços importantes no reconhecimento do direito à educação para todos os cidadãos. No entanto, esses avanços foram interrompidos com o golpe de 1937 e a instauração do Estado Novo, que resultou em retrocessos significativos no campo educacional.

A ditadura civil-militar, iniciada em 1964, também deixou suas marcas na legislação educacional, com a Constituição de 1967 estabelecendo medidas que minaram a escola pública e fortaleceram o ensino privado. Somente com a promulgação da Constituição de 1988 é que se vislumbrou um novo horizonte para a educação brasileira, com a consagração do ensino como um direito de todos e um dever do Estado e da família.

Nesse sentido, a Constituição de 1988 representou um marco histórico ao estabelecer princípios como igualdade de condições para acesso e permanência na escola, além de reconhecer o racismo como crime e promover políticas de inclusão e diversidade. No entanto, mesmo com esses avanços, persistem desafios em garantir uma educação verdadeiramente igualitária e antirracista, exigindo um compromisso contínuo com a promoção da justiça social e da equidade educacional.

Embora para a população em geral possa ser difícil compreender, hoje é comum considerar a escola como um direito de todos os cidadãos em praticamente todos os países. Nesse sentido, para explicar os processos históricos que garantiram o acesso universal à escola pública, este capítulo tem como objetivo analisar a evolução do sistema educacional no Brasil. O foco será desde as primeiras Constituições até a Constituição de 1988, destacando as transformações, desafios e avanços ocorridos ao longo desse período. Além disso, busca-se evidenciar as desigualdades sociais, raciais e de gênero que marcaram o acesso à educação ao longo da história do país, bem como discutir as políticas públicas e legislações implementadas para promover a igualdade de oportunidades na área educacional.

2.2 História do negro na escola brasileira: constituições e leis

2.2.1 Brasil: 1824-1891

A primeira aparição da escola pública ocorreu na primeira Constituição Brasileira, a Constituição Imperial, outorgada por Dom Pedro II, em 1824. Esta foi a Constituição mais longa da história do Brasil, pois durou 65 anos. Ela surgiu em um momento pós-independência, quando se buscava mais autonomia para o país, embora ainda estivesse permeada por ideias da antiga Colônia. Nesta Constituição, não há uma menção explícita à escola e à educação, e o Estado não assumia a responsabilidade sobre isso. No artigo 179, constava que a instrução primária seria gratuita para todos os cidadãos e que nos colégios e nas universidades seriam ensinados os elementos das ciências, belas letras e artes (Brasil, 1824). Mas quem eram exatamente "todos os cidadãos" descritos nesta Constituição? Quem frequentava a escola e qual era a finalidade dela naquela época? Como eram os professores?

Embora a escola pública tenha se apresentado como uma instituição essencialmente popular, houve inúmeras dificuldades em sua implementação junto à população livre, revelando uma grande disparidade entre os discursos e as ações efetivas para consolidar sua instrução (Veiga, 2008). Assim, no artigo 179, as palavras "todos os cidadãos" referiam-se apenas a uma parte da população.

A burguesia masculina sempre desfrutou de privilégios sobre outras camadas da população, reservando o sistema escolar, aulas domiciliares ou particulares para os mais abastados, geralmente brancos. Enquanto isso, as crianças pobres e livres nascidas no Brasil, também brancas, frequentavam as escolas públicas. Conforme os estudos de Cynthia Greive Veiga (2008), isso ocorria porque os mais ricos acreditavam que a escola pública não garantiria o conhecimento, a honra e a moralidade que seus filhos necessitavam (Veiga, 2008). No entanto, segundo as pesquisas de Mary Del Priore (1999), a escola pública era vista como uma oportunidade para que os filhos dos pobres se tornassem cidadãos úteis e produtivos na lavoura (Priore, 1999).

É importante ressaltar que a obrigatoriedade da frequência nas escolas públicas se aplicava apenas aos meninos brancos, enquanto as meninas brancas começaram a frequentar as escolas anos mais tarde, em 1882, devido às tradições da época em relação ao papel atribuído às mulheres. No entanto, mesmo quando as mulheres passaram a frequentar a escola, elas continuaram sendo marginalizadas, pois não tinham acesso a todas as disciplinas ensinadas aos meninos, especialmente aquelas consideradas mais "racionais", como a geometria. Em contrapartida, eram direcionadas para aprender sobre os cuidados domésticos.

Embora a Lei de 15 de outubro de 1827[3] já previsse, em seu artigo 4º, a ideia de ensino mútuo, que permitia que meninas e meninos estudassem juntos, as mulheres deveriam estar em salas separadas dos meninos, conforme estipulado pelo artigo 11º da mesma Lei (Brasil, 1827). Somente a partir de 1870 é que as classes mistas, com meninas e meninos juntos, começaram a ser adotadas.

As crianças negras e os escravizados eram excluídos do direito à frequência escolar, sendo proibidos de frequentar a escola de acordo com a Lei nº 1, de 1837, e o Decreto nº 15, de 1839 (Brasil, 1837; Brasil, 1839). Essa exclusão é evidenciada também em uma passagem do livro de Mario Maestri, onde ele afirma que "As escolas urbanas estavam vedadas ao ingresso de negros livres, quem dirá aos cativos" (Maestri, 2004, p. 205). Assim, as escolas públicas contribuíam para restringir o acesso à educação, promovendo exclusão e desigualdades sociais, principalmente para os cidadãos negros, mas também para as mulheres desde os primórdios.

A discriminação também era evidente entre os professores, com a maioria dos profissionais do magistério sendo homens brancos. Um exemplo disso é a criação da Escola Normal no Rio de Janeiro, em 1835, a primeira no Brasil, destinada a resolver o problema da formação de professores e melhorar a qualidade do ensino (Souza, 2019). No entanto, apenas homens foram admitidos para matrícula inicialmente. Embora a Lei de 15 de outubro de 1827 (Brasil, 1827) permitisse que as mulheres fossem professoras, elas só receberam reconhecimento social para lecionar por volta de 1870. Esse reconhecimento, concedido pelos homens, ocorreu devido à necessidade de aumentar o número de profissionais na área da educação. Além disso, surgiu a ideia de que as mulheres possuíam uma vocação natural para o magistério, devido à sua afinidade com crianças e sua suposta predisposição à ternura (Albert, 2022).

---

3   Conhecida como Lei Geral, marcou a criação de escolas de primeiras letras (hoje, Ensino Fundamental) em todo o país e foi referência para a escolha da data comemorativa do Dia do Professor.

Quanto às responsabilidades atribuídas aos professores naquela época, também havia distinções entre homens e mulheres. Segundo o artigo 6º da Lei de outubro de 1827, os professores do sexo masculino deveriam ensinar a ler, escrever, resolver as quatro operações básicas de aritmética, decimais e proporções, noções gerais de geometria, gramática da língua nacional, princípios e doutrinas da religião católica, adaptados à compreensão dos meninos, entre outros conteúdos. Em contrapartida, as professoras, além das responsabilidades estipuladas no mesmo artigo 6º, com exceção das noções de geometria e com a limitação do ensino da aritmética, também deveriam instruir sobre economia doméstica. No entanto, para obterem o cargo, além de demonstrarem conhecimento nos exames de admissão à profissão, também deveriam ter sua honestidade reconhecida (Brasil, 1827).

Ao analisarmos essa lei, podemos perceber que o magistério estava repleto de restrições para as mulheres. Enquanto a elas era exigido o reconhecimento da honestidade, que geralmente vinha de homens como pai, marido ou padre da paróquia, os professores homens não tinham de apresentar nenhum tipo de avaliação de sua conduta. Se a mulher fosse solteira, precisava da autorização do pai; se fosse casada, do marido; se fosse viúva, deveria apresentar a certidão de óbito do esposo; e se fosse divorciada, precisava justificar a separação comprovando bom comportamento.

Diante desse fato, Saffioti (1987) observa que não é difícil perceber que os professores homens e as professoras mulheres ocupavam a mesma profissão, mas em posições bastante distintas. Essas posições foram delineadas pela sociedade e estabelecidas por meio da atribuição de papéis diferentes, que eram esperados para as diferentes categorias de sexo. A sociedade delimitava com precisão os campos nos quais uma mulher poderia atuar, da mesma forma como escolhia os territórios nos quais um homem poderia operar.

Na mesma Lei de 1827, no artigo 13º, afirma-se que homens e mulheres receberiam os mesmos honorários pelo trabalho (Brasil, 1827). Entretanto, isso não se concretizou, pois, com a promulgação do artigo 6º do decreto de 27 de agosto de 1831, as mulheres passaram a receber um pouco mais do que a metade do salário dos homens (Brasil, 1831). Isso se deu porque o decreto estipulava que os salários previstos em lei seriam pagos apenas aos professores habilitados nas matérias determinadas. Como as mulheres não tinham acesso ao Curso Normal, não podiam obter essa habilitação e, consequentemente, não recebiam o mesmo salário que os homens.

No parágrafo acima, de acordo com Saffioti (1987), temos um exemplo de dominação ideológica, discriminação contra a mulher e legitimação da crueldade da suposta "superioridade" imposta pelos homens brancos, heterossexuais e ricos. Temos também o retrato de uma professora, mulher, aprisionada em um cativeiro, pois sempre precisava da autorização de um homem que detinha a chave para libertá-la quando e como quisesse (Albert, 2022).

Além dos desafios enfrentados pelos/pelas professores/professoras para manterem suas carreiras na instrução pública, havia a necessidade de realizar outras tarefas, como comprovar, por meio de relatórios trimestrais, a frequência dos estudantes em suas aulas. Era exigido que cada classe tivesse no mínimo 20 estudantes para não ser fechada, além do cumprimento das responsabilidades próprias do trabalho docente. Esses relatórios eram indispensáveis para que os professores recebessem seus salários. No entanto, a frequência à escola era normalmente baixa, uma vez que o poder público não desenvolveu esforços significativos para transformar a educação em política pública (Oliveira; Adrião, 2002).

De tal modo, o analfabetismo era a condição de instrução para a maioria da população, como indicado pelo estudo de Lilia Schwarcz, em 1998, que apontava que 84% da população brasileira era analfabeta, evidenciando que a escola era acessível apenas para poucos. Esses índices elevados estavam associados à frequência irregular das crianças na escola ou à sua ausência. Diante desse cenário, o Estado decretou a obrigatoriedade da instrução primária, estabelecendo multas para os pais ou tutores que não cumprissem as disposições legais (Oliveira; Adrião, 2002).

No entanto, conforme observado no estudo de Cynthia Greive Veiga (2008), essa medida não surtiu o efeito desejado. A autora cita um relatório de 1876 feito por um professor que indicava que, dentre 60 crianças livres, apenas uma frequentava a escola pública. Entre as razões para a baixa frequência ou irregularidade, estava a condição de pobreza das famílias. A autora explica que, mesmo com a obrigatoriedade do ensino e as penalidades previstas para quem descumprisse a lei, as famílias, por não terem recursos financeiros, muitas vezes não conseguiam garantir a frequência escolar de seus filhos (Veiga, 2008).

2.2.2 Brasil: 1891-1934

Com a promulgação da Lei Áurea, Lei n° 3.353, de 13 de maio de 1888, que marcou o fim da escravidão, iniciou-se um processo de transformação significativa no papel social desempenhado pela escola. Agora, a educação ganhava uma importância crucial para o aprendizado da leitura e escrita, uma vez que o direito ao voto passava a exigir alfabetização (Brasil, 1888). Paralelamente, o Brasil viu o surgimento da República em 1889, trazendo consigo importantes mudanças derivadas do princípio federativo e das ideias liberais. Essa mudança visava nacionalizar o sistema legal e consolidar a sociedade civil.

Como parte desse processo, uma nova Constituição foi elaborada e promulgada em 24 de fevereiro de 1891, durante o governo do Marechal Manoel Deodoro da Fonseca. Nessa Constituição, observa-se um maior direcionamento em relação à educação em comparação com o texto de 1824, embora ainda sejam abordadas poucas questões sobre o tema. Entre os aspectos destacados estão a laicidade e a separação dos poderes (Brasil, 1891).

Com isso, as reformas e discussões em torno da educação foram ampliadas, destacando-se a reforma de Benjamin Constant, fundamentada na concepção de grupos escolares. Esse modelo foi replicado em várias localidades do país, introduzindo o ensino em séries e dividindo os estudantes por faixa etária, ao invés de um único grupo misto, como no Período Imperial. Essa mudança exigiu mais professores, e as mulheres, desta vez, foram muito procuradas para o cargo. No entanto, à medida que as demandas escolares cresceram, surgiu o cargo de diretor escolar (Brasil, 1917), uma posição almejada e ocupada predominantemente por homens, dada a sua natureza administrativa e lógica, características que não eram associadas às mulheres naquela época.

O modelo escolar instaurado ainda era bastante excludente, tanto por questões de gênero quanto por questões raciais e financeiras. Dessa forma, a escola republicana foi marcada pela elitização e pelo branqueamento. Ao observar as fotos da época, é possível notar um grande número de crianças brancas nas salas de aula das escolas públicas (Veiga, 2016). O mesmo padrão se repetia com as professoras, conforme descrito na pesquisa de Maria Lúcia Müller em 1999, a partir de entrevistas e análise de iconografia (Müller, 1999, citado por Veiga, 2016).

Quando essas crianças e professoras negras chegavam à escola, enfrentavam embates devido à discriminação racial, o que dificultava sua permanência. Na pesquisa de Veiga (2016), há um relato de um pai negro que menciona não poder levar seus filhos, também negros, à escola devido à percepção de inferioridade de cor e à recusa da professora em ensiná-los. Essa mesma tensão era enfrentada pelas professoras, que eram desqualificadas devido à cor da pele. Em outro relato, também proveniente da pesquisa de Veiga (2016), um inspetor escreve sobre uma professora negra, questionando sua inteligência, colocando dúvidas sobre sua capacidade e afirmando que ela lecionava para turmas de crianças pobres. Nesse contexto, "não há dúvidas de que, no decorrer do processo de escolarização, a origem étnico-racial dos professores interferiu fortemente na percepção de sua competência" (Veiga, 2016, p. 296).

A Revolução de 1930 marcou um compromisso com a modernização do país, onde a educação foi destacada como parte integrante da construção da identidade nacional. Foi durante esse período que ocorreram a criação do

Ministério da Educação e Saúde e a implementação de um sistema nacional de ensino. Além disso, o Manifesto dos Pioneiros[4] teve uma influência significativa na promoção da igualdade no país, refletida na proposta da "escola única" (que preconizava uma escola pública, gratuita, laica e de coeducação), na democratização da gestão educacional, e na formação de uma nova elite, reconhecida pela sua competência acadêmica e comprometimento com o bem coletivo (Rocha, 2000, citado por Veiga, 2016, p. 166).

2.2.3 Brasil: 1934-1937

Com novas ideias em ascensão, tornou-se imperativo alterar a Constituição do país, culminando na promulgação da nova Carta Magna em 1934, durante o governo de Getúlio Vargas (que não pertencia a nenhum partido naquela época). Essa Constituição apresentou várias inovações em relação às anteriores, sendo que pela primeira vez a educação recebeu um capítulo próprio (Oliveira; Adrião, 2002), marcando também a primeira vez que o Brasil teve uma constituição social promulgada. Entre as novidades, destacam-se os artigos 149 e 150. O artigo 149 declara o direito à educação para todos, determinando que esta deve ser ministrada pela família e pelos poderes públicos. Por sua vez, o artigo 150 aborda as competências da União, estabelecendo que o ensino primário integral será gratuito e de frequência obrigatória (Brasil, 1934).

Dessa forma, foi a partir dessa constituição que a gratuidade da escola elementar e compulsória passou a ser explicitada na legislação brasileira. Também é interessante mencionar que foi nessa época que se iniciaram os concursos de provas e títulos para o cargo de magistério, tornando o acesso ao

---

4   O Manifesto dos Pioneiros da Educação Nova é um documento cujo título é "A reconstrução educacional no Brasil: ao povo e ao governo". Ele foi escrito em 1932 por 26 educadores que defendiam a educação como uma função essencialmente pública; única e comum, sem privilégios econômicos de uma minoria; formação universitária de professores; ensino laico, gratuito e obrigatório.

cargo mais igualitário e propício para todos e todas (Brasil, 1934). Do mesmo modo, foi nesta Constituição que houve o reconhecimento dos sindicatos, melhores condições de trabalho, salário-mínimo, descanso semanal remunerado, férias anuais, assistência médica e sanitária ao trabalhador, proteção ao menor e à mulher trabalhadora (Prudente, 1988, p. 141).

Diante desse fato, percebe-se que "a exigência de concurso para ocupar cargos públicos, a implantação de escolas públicas gratuitas, (...) possibilitaram ao negro iniciar com décadas de atraso a concorrência com os imigrantes e seus descendentes" (Prudente, 1988, p. 141). Entretanto, essa Constituição continuou sendo excludente, pois defendia que meninos e meninas possuíssem grades curriculares distintas e que a matrícula seria limitada à capacidade didática do estabelecimento e por seleção por provas, o que acabava por favorecer quem tinha mais acesso à educação, ou seja, novamente o homem branco.

2.2.4 Brasil: 1937-1946

Embora tenha trazido muitos avanços, a Constituição de 1934 foi logo substituída pela Constituição de 1937, porém, em vez de superá-la, retrocedeu-a. Isso ocorreu porque Vargas, presidente da época, com o intuito de manter a unidade da nação, deu um golpe que instituiu o Estado Novo e determinou reprimir o avanço democrático no país, havendo um retrocesso em relação à escola pública. Exemplo disso é que, nesta Constituição, se restringiu a responsabilidade dos estados quanto à educação, desobrigando a aplicação de recursos para a manutenção da educação. Inicia-se também o ensino pré-vocacional e profissional, que determina como primeiro dever do Estado a sustentação dele para os pobres (Brasil, 1937).

2.2.5 Brasil: 1946-1967

Nove anos mais tarde, durante o governo de Eurico Gaspar Dutra, do Partido Social Democrático (PSD), surgiu uma nova Constituição, a de 1946, que novamente estabeleceu um período de vida democrática e, por isso, resgatou o texto escrito em 1934, abandonando as ideias de 1937. Nesta Constituição, a educação voltou a ser reconhecida como direito de todos, devendo inspirar-se nos princípios de liberdade e nos ideais de solidariedade humana (Brasil, 1946, artigo 166). O artigo 166 da Constituição de 1946 representou um marco importante para professoras e estudantes negros, pois principiou a igualdade de todos os cidadãos perante a lei e garantiu a liberdade de manifestação de pensamento.

Assim, iniciou-se uma luta contra os preconceitos de raça e classe, que, anos mais tarde, em 1951, resultou na promulgação da primeira lei brasileira contra a discriminação racial (Lei n° 1.390, de 3 de julho de 1951). Embora a lei tenha sido importante, não foi suficiente, pois definia a prática criminosa como infração leve. Como muito bem destacado por Prudente (1988, p. 142), "é visível a todos que a discriminação racial fere a integridade física e psíquica. É, portanto, um crime, e dos mais graves". Nesse sentido, mesmo ocupando os mesmos espaços e tendo os "mesmos direitos", estudantes e professoras negras continuavam a sofrer em silêncio, pois a lei oferecia pouco auxílio para combater essa realidade.

2.2.6 Brasil: 1967-1988

Em 1964, ocorreu o golpe militar e deu-se início à ditadura civil-militar, culminando, em 1967, na promulgação de uma nova Constituição. Nesta promulgação, a educação é tratada como "direito de todos e será dada no lar e na escola; assegurada a igualdade de oportunidade" (Brasil, 1967, artigo

168). Entretanto, a legislação adotou alguns princípios e normas para o ensino obrigatório e gratuito, como a definição da idade, dos sete aos quatorze anos, para frequentar os estabelecimentos primários oficiais, e o ensino de nível médio seria oferecido somente a quem demonstrasse efetivo aproveitamento. Além disso, o Poder Público substituiria, gradativamente, o regime de gratuidade no ensino médio e no superior pelo sistema de concessão de bolsas de estudos, mediante restituição (Brasil, 1967).

Esses três itens acabam por minar a escola pública, fortalecendo o ensino privado e excluindo uma parcela de estudantes, pois exigem bom desempenho e assiduidade. Consequentemente, é de se esperar que os estudantes mais pobres, em sua grande maioria a população negra, e menos qualificados devido à falta de tempo para se dedicarem aos estudos, desistissem de estudar com receio de não conseguirem reembolsar as bolsas, como previsto na lei. Além disso, é crucial destacar que nessa época o trabalho infantil era permitido a partir dos 12 anos de idade, o que gerou outro conflito, uma vez que a lei obrigava essas crianças a frequentarem a escola.

Como resultado, mais uma vez uma parcela da população foi excluída do direito de estudar, pois precisavam trabalhar para ajudar suas famílias. Dessa forma, a obrigatoriedade e a gratuidade do ensino primário não garantiam a universalização do direito à educação, pois, como afirmou Pontes de Miranda (1953, p. 157), "A educação somente pode ser direito de todos se houver escolas em número suficiente e se ninguém for excluído dela. Fora disso, é iludir o povo com artigos de Constituição ou de leis".

2.2.7 Brasil: 1988-atualidade

Por muito tempo evitou-se que negros estudassem, que se formassem, que se tornassem professores, que alcançassem posições de liderança. É claro que alguns conseguiram, mas foram poucos em comparação com a população branca. Não podemos nos basear apenas em alguns poucos exemplos; é essencial garantir igualdade de oportunidades para todos. É exatamente por isso que a Constituição de 1988, que ainda está em vigor, se tornou um marco histórico no país. Um marco, porque começou a efetivamente transformar a sociedade ao visar o ensino para todos, a democratização, a erradicação do analfabetismo e a universalização do ensino. O texto de 1988, em comparação com todas as outras constituições, apresenta várias inovações em relação à educação, sendo que pela primeira vez em nossa história constitucional ela recebe destaque com 10 artigos específicos (Oliveira; Adrião, 2002).

No início do texto, no artigo 6°, isso é comprovado quando descreve que: "São direitos sociais a educação, a saúde, o trabalho, o lazer, a segurança, a previdência social, a proteção à maternidade e à infância, a assistência aos desamparados, na forma desta Constituição" (Brasil, 1988, artigo 6°). Mais adiante, podemos destacar os artigos 205 e 206. O artigo 205 diz que: "A educação, direito de todos e dever do Estado e da família, será promovida e incentivada com a colaboração da sociedade, visando ao pleno desenvolvimento da pessoa, seu preparo para o exercício da cidadania (...)" (Brasil, 1988, artigo 205). Já o artigo 206 diz que "O ensino será ministrado com base nos seguintes princípios: I – igualdade de condições para o acesso e permanência na escola" (Brasil, 1988).

Assim, a Constituição de 1988 estabelece o acesso ao ensino obrigatório e gratuito como um direito público com responsabilidade compartilhada. Por um lado, a família deve garantir que a criança frequente a escola, enquanto, por outro lado, o governo deve fornecer vagas na escola. Além disso, cabe ao governo assegurar a permanência da criança nesse ambiente, provendo transporte escolar, merenda, acessibilidade, entre outros serviços. Por ser uma constituição que visa à igualdade de condições para o acesso e a permanência na escola, todos têm vez e voz. Nesse sentido, foi a partir dela que observamos um aumento da presença de pessoas negras nos espaços que elas devem ocupar, ou seja, onde desejarem.

Dessa forma, o artigo 206 favorece a inserção das pessoas que, ao longo da história educacional do Brasil, estiveram excluídas do direito à educação. Também é a partir deste documento que o racismo é classificado como crime, e, em 2023, por meio da Lei nº 14.532, a pena aumentou de um a três anos, para dois a cinco anos de reclusão (Brasil, 2023). Outra lei que merece destaque é a Lei nº 10.639, de 2003, que reconheceu a diversidade da população brasileira ao inserir o ensino de História e Cultura Afro-Brasileira no currículo escolar (Brasil, 2003).

Com a implantação das políticas públicas, começou-se a oferecer oportunidades para a formação de uma sociedade mais justa e, consequentemente, mais democrática. No entanto, isso não significa que professoras e estudantes negros não continuem sofrendo nas escolas. Por isso, conforme Ribeiro (2019), além da punição, precisamos realizar um debate estrutural nas escolas, trazendo a perspectiva histórica e relacionando a escravidão e o racismo, mapeando suas consequências.

2.3 Conclusão

A trajetória da escola pública no Brasil, desde a primeira Constituição Imperial até os dias atuais, revela um cenário de desafios e transformações. Inicialmente, embora tenha surgido como uma promessa de educação acessível para todos, a realidade mostrou-se distante desse ideal. As constituições do século XIX refletiam uma sociedade marcada por desigualdades sociais, raciais e de gênero, onde a escola pública beneficiava principalmente a elite branca, enquanto excluía negros, mulheres e pobres.

Ao longo dos anos, apesar de avanços legislativos, como a Constituição de 1934, que reconheceu a educação como direito de todos, e a de 1988, que estabeleceu princípios de igualdade e acesso universal à educação, as barreiras persistiram. A discriminação racial e de gênero continuou a moldar o acesso à educação e as oportunidades de carreira para professores.

As políticas públicas, embora tenham buscado corrigir essas desigualdades, ainda enfrentam desafios. A luta contra o racismo e a promoção da igualdade de oportunidades na educação requerem não apenas medidas punitivas, mas também uma mudança estrutural nas escolas, que reconheça e confronte as raízes históricas do racismo e da exclusão.

Portanto, a construção de uma escola verdadeiramente inclusiva e antirracista exige o engajamento de toda a sociedade em práticas e posturas que promovam a igualdade e o respeito à diversidade. Somente assim poderemos alcançar uma educação que cumpra seu papel de formar cidadãos conscientes, críticos e comprometidos com a justiça social.

Referências

ALBERT, É. **Profissão professora:** narrativas de vida e de (trans)formação. Dissertação (Mestrado), Programa de Pós-Graduação em Educação. Pontifícia Universidade Católica do Rio Grande do Sul. Porto Alegre, 2022.

BRASIL. **Constituição Política do Império do Brasil, de 25 de março de 1824.** Disponível em: https://www.planalto.gov.br/ccivil_03/constituicao/constituicao24.htm. Acesso em: 02 jun. 2023.

BRASIL. **Constituição da República Federativa do Brasil, de 1967.** Disponível em: http://www.planalto.gov.br/ccivil_03/Constituicao/Constituicao67EMC69.htm. Acesso em: 02 jun. 2023.

BRASIL. **Constituição da República Federativa do Brasil, de 1988.** Disponível em: http://www.planalto.gov.br/ccivil_03/constituicao/constituicao.htm. Acesso em: 08 jun. 2023.

BRASIL. **Constituição dos Estados Unidos do Brasil, de 10 de novem-bro de 1937**. Disponível em: http://www.planalto.gov.br/ccivil_03/Consti-tuicao/Constituicao37.htm. Acesso em: 14 maio 2023.

BRASIL. **Constituição dos Estados Unidos do Brasil, de 16 de julho de 1934**. Disponível em: http://www.planalto.gov.br/ccivil_03/constituicao/constituicao34.htm. Acesso em: 05 maio 2023.

BRASIL. **Constituição dos Estados Unidos do Brasil, de 18 de setembro de 1946**. Disponível em: http://www.planalto.gov.br/ccivil_03/constitui-cao/constituicao46.htm. Acesso em: 26 maio 2023.

BRASIL. **Constituição dos Estados Unidos do Brasil, de fevereiro de 1891**. Disponível em: http://www.planalto.gov.br/ccivil_03/Constituicao/Constituicao91.htm. Acesso em: 29 abr. 2023.

BRASIL. **Decreto de 27 de agosto de 1831**. Disponível em: https://www.camara.leg.br/Internet/InfDoc/conteudo/colecoes/legislacao/legimp-14/Legimp-14_24.pdf. Acesso em: 28 maio 2023.

BRASIL. **Decreto nº 15, de 1839**. Disponível em: https://www.google.com/url?sa=i&rct=j&q=&esrc=s&source=-web&cd=&ved=0CAIQw7AJahcKEwjgyL31_db_Ah-UAAAAAHQAAAAAQAw&url=https%3A%2F%2Fseer.ufrgs.br%2Fasphe%2Farticle%2FviewFile%2F29135%2Fpdf&psig=AOvVaw-1qB8Kg00h6ds1nym_FVCVn&ust=1687526951423450&opi=89978449. Acesso em: 04 maio 2023.

BRASIL. **Lei de 15 de outubro de 1827**. Disponível em: https://www.his-tedbr.fe.unicamp.br/navegando/acervos/lei-15-10-1827-lei-do-ensino-de--primeiras-letras. Acesso em: 26 maio 2023.

BRASIL. **Lei nº 1, de 1837**. Disponível em: https://www.google.com/url?sa=i&rct=j&q=&esrc=s&source=web&cd=&ved=0CAIQw7AJahcKEwjgyL31_db_AhUAAAAAHQAAAAAQAw&url=https%3A%2F%2Fseer.ufrgs.br%2Fasphe%2Farticle%2FviewFile%2F29135%2Fpdf&psig=AOvVaw1qB8Kg00h6ds1nym_FVCVn&ust=1687526951423450&opi=89978449. Acesso em: 04 maio 2023.

BRASIL. **Lei nº 1.579, de 19 de dezembro de 1917**. Coleção das Leis e Decretos do Estado de São Paulo (1892-1920). Tipografia do Diário oficial.

BRASIL. **Lei nº 10.639/2003, de 9 de janeiro de 2003**. Altera a Lei nº 9.394, de 20 de dezembro de 1996, que estabelece as diretrizes e bases da educação nacional, para incluir no currículo oficial da Rede de Ensino a obrigatoriedade da temática "História e Cultura Afro-Brasileira", e dá outras providências. Diário Oficial da União, Brasília, 10 jan. 2003. Disponível em: http://www.planalto.gov.br/ ccivil_03/leis/2003/L10.639.htm. Acesso em: 22 maio 2023.

BRASIL. **Lei nº 14.532/2023, de 11 de janeiro de 2023**. Brasília. DF. Disponível em: http://www.planalto.gov.br/ccivil_03/_ato20232026/2023/lei/L14532.htm. Acesso em: 22 maio 2023.

BRASIL. **Lei nº 3.353, de 13 de maio de 1888**. Disponível em: https://www2.camara.leg.br/legin/fed/leimp/1824-1899/lei-3353-13-maio--1888-533138-publicacaooriginal-16269-pl.html. Acesso em: 20 jun. 2023.

FONSECA, M. V.; POMBO, S. A. (Orgs.). **A história da educação dos negros no Brasil**. Rio de Janeiro: UFF, 2016.

MAESTRI, M. A pedagogia do medo: disciplina, aprendizado e trabalho na escravidão brasileira. *In*: STEPHANOU, M.; BASTOS, M. H. C. (Orgs.). **História e memórias da educação no Brasil**. Petrópolis: Vozes, 2004. v. 1, p. 192-210.

OLIVEIRA, R. P. O direito à educação. *In*: OLIVEIRA, R. P.; ADRIÃO, T. (Org.). **Gestão, financiamento e direito à educação**: análise da LDB e da Constituição Federal. 2. ed. São Paulo: Xamã, 2002. p. 15-41.

PONTES DE MIRANDA, **Comentários à Constituição de 1946**. 2. ed. Rio de Janeiro: Borsoi, 1953. t. 4.

PRIORE, Mary Del. **História das crianças no Brasil**. São Paulo: Contexto, 1999.

PRUDENTE, E. A. de J. O negro na ordem jurídica brasileira. **Revista da Faculdade de Direito**, Universidade de São Paulo, 83, p. 135-149, 1988.

RIBEIRO, D. **Pequeno manual antirracista**. 1. ed. São Paulo: Companhia das Letras, 2019.

SAFFIOTI, H. I. B. **O poder do macho**. São Paulo: Moderna, 1987.

SCHWARCZ, L. M. Nem preto nem branco, muito pelo contrário: cor e raça na intimidade. *In*: **História da vida privada**. 4. ed. São Paulo: Companhia das Letras, 1998. p. 173-244.

SOUZA, G. H. A. de. **Instrução pública no Brasil Imperial (1824-1885)**. 2019. 32 f. Monografia (Trabalho de Conclusão de Curso em História) – Instituto de Ciências Humanas, Comunicação e Artes. Programa de Pós-Graduação em História, Universidade Federal de Alagoas, Maceió, 2019.

VEIGA, C. G. Discriminação social e desigualdade escolar na história política da educação brasileira (1822-2016): alguns apontamentos. **Hist. Educ.** (*Online*). Porto Alegre, v. 21, n. 53, p. 158-181, set./dez. 2016.

VEIGA, C. G. **Escola pública para os negros e os pobres no Brasil**: uma invenção imperial. Revista Brasileira de Educação v. 13, n. 39, set./dez. 2008.

Capítulo 3

A HISTÓRIA DO INDÍGENA NA ESCOLA BRASILEIRA

Luiza Coelho de Souza Rolla

Educação se define como o conjunto dos processos envolvidos na socialização dos indivíduos, correspondendo, portanto, a uma parte constitutiva de qualquer sistema cultural de um povo, englobando mecanismos que visam à sua reprodução, perpetuação e/ou mudança. Ao articular instituições, valores e práticas, em integração dinâmica com outros sistemas sociais, como a economia, a política, a religião, a moral, os sistemas educacionais têm como referência básica os projetos sociais (ideias, valores, sentimentos, hábitos etc.) que lhes cabem realizar em espaços e tempos sociais específicos (Luciano, 2006).

Os povos originários brasileiros, desde a chegada dos europeus com sua cultura e conhecimentos construídos com base em sua visão de mundo ocidental, sofreram uma tentativa de apagamento cultural a partir da catequização e da colonização visando um processo integracionista e civilizador. Em relação a isso, cabe salientar o que é definido por Luciano (2006), supracitado, "englobando mecanismos que visam à sua [...] mudança".

Os portugueses que aqui chegaram classificaram as sociedades indígenas como bárbaras ou atrasadas, pois eles não dominavam a escrita, que era vista como capacidade máxima do intelecto humano. O fato de os nativos usarem apenas a memória para transmitir conhecimentos fez com que os jesuítas fossem designados a letrá-los.

Entretanto, os povos indígenas lutaram pela manutenção dos seus modos de vida, contrapondo sua cultura às práticas escolares praticadas pelos europeus, cujo modelo de educação visava que "as teorias do mundo, do homem e da sociedade são globais e unificadoras", enquanto para os indígenas o saber está ao alcance de todos, "dividido a partir de degraus de iniciação que o eleva, e não a partir de uma setorização de conhecimentos que o fragmenta" (Balandier, 1997, p. 156), conforme modelo ocidental de educação.

Segundo Bregamaschi e Medeiros (2010, p. 56):

> Ainda hoje, nas sociedades indígenas, sobressaem três aspectos principais que conformam uma unidade educativa: a economia da reciprocidade; a casa, como espaço educativo, junto à família e à rede de parentesco; a religião, ou seja, a concentração simbólica de todo o sistema, expressa nos rituais e nos mitos.

Nesse momento da história da colonização os povos indígenas, sob a tutela do Estado, foram submetidos a um modelo de escola com uma visão cristã que apresentava uma visão de mundo oriunda da modernidade ocidental, cuja ciência fragmenta o conhecimento e busca colonizar os povos originários para atender aos desejos, aos anseios e às ambições da coroa portuguesa. Essa prática perdurou por séculos, buscando invalidar e moldar os povos indígenas a serviço dos colonizadores.

Nessa perspectiva, Cunha (2009) conclui que:

> [...] a tutela passa, portanto, a ser o instrumento da missão civilizadora, uma proteção concedida a essas "grandes crianças" até que elas cresçam e venham a ser "como nós". Ou seja, respeita-se o índio enquanto homem, mas exige-se que se despoje de sua condição étnica específica. [...] Essa concepção leva, também, a entender a integração como sinônimo da assimilação cultural.

Esse cenário modifica-se apenas nas últimas décadas quando se institui um modelo de educação voltada para os indígenas, amparada por lei visando a garantia do fortalecimento da cultura dessa etnia, constituindo um "modelo diferenciado e específico de educação escolar, cada povo tomou para si a tarefa de elaborar currículos escolares e propostas pedagógicas, informados por suas cosmologias" (Bergamaschi; Medeiros, 2010, p. 56).

No entanto, para chegarmos à atualidade, é importante um resgate histórico da educação a que os indígenas foram submetidos.

3.1 Resgatando a educação do povo indígena no período da colonização

Como herança do período colonial, que permaneceu até o século XX, a educação foi, principalmente, desenvolvida por ordens religiosas, cujos propósitos eram a cristianização e a "civilização" dos indígenas com base nos princípios ocidentais. A Companhia de Jesus iniciou-se com a chegada dos jesuítas em 1549, cujo objetivo era a catequização dos indígenas. Para eles, "para converter, primeiro civilizar; mais proveitosa que a precária conversão dos adultos, a educação das crianças longe do ambiente nativo; antes que o simples pregar da boa nova, a polícia incessante da conduta civil dos índios" (Viveiros de Castro, 2002, p. 128).

Os padres jesuítas da Companhia de Jesus foram os únicos educadores do Brasil por 210 anos, desenvolvendo atividades políticas, missionárias e educadoras ao mesmo tempo. De acordo com Azeredo (1996, p. 497), a política dos jesuítas era abrir uma escola onde construíssem uma igreja, dessa forma, edificou-se sobre os alicerces do ensino toda obra de catequese e colonização. Os jesuítas, por meio do ensino da língua portuguesa e da catequese, embasaram a constituição da unidade nacional, projetando a cultura e a identidade portuguesa, em que a mesma religião, a mesma língua e os mesmos costumes seriam homogêneos, ou melhor, seriam impostos destruindo a diversidade cultural e linguística aqui existentes. Os jesuítas começaram, portanto, "a forjar, na unidade espiritual, a unidade política de uma nova pátria" fazendo da terra de mil povos terra de sepultamento de línguas (Azeredo, 1996).

Posteriormente outras ordens religiosas, como beneditinos, franciscanos, carmelitas, lassalistas e salesianos chegaram ao Brasil com o mesmo objetivo: apagar a cultura indígena catequizando, cristianizando, civilizando principalmente as crianças, como forma de "matar" essa cultura para moldar os indígenas aos interesses portugueses.

De acordo com Souza Lima, o Padre Manoel de Nóbrega (1558) relatou que o "plano civilizador" projetado para os indígenas objetivava impedi-los de comer carne humana, guerrear sem a licença do governo, casarem-se com uma mulher só, vestirem-se conforme os costumes ocidentais, banir os feiticeiros e fazê-los fixar residência em quantidade de terra suficiente (Souza Lima, 1995).

Essas práticas desrespeitaram por completo a natureza dos povos indígenas, que viviam em harmonia com a terra, a vegetação, os animais e as forças da natureza, possuindo regras de convivência próprias.

Segundo Simas e Pereira (2010, p. 5):

> O modelo jesuítico de ensino pode ser dividido em três grandes etapas: no século XVI, foi para a catequese e conversão dos gentios e organização do sistema educacional jesuítico; no século XVII, trabalhou-se para a expansão horizontal desse sistema e no século XVIII, os religiosos empenharam-se na organização dos seminários.

O projeto de educação jesuíta obteve muito sucesso, pois os meninos indígenas que frequentavam os seminários passavam seus conhecimentos cristãos para seus pais na língua nativa. Com esta prática, a ampliação do uso da língua portuguesa acompanha a expansão da tomada do território.

A única língua indígena que se manteve e se expandiu foi a tupinambá, que foi aprendida, além dos indígenas, pelos colonos, sendo usada, inclusive nos púlpitos. Por acreditar que a manutenção da língua tupinambá era uma ameaça ao projeto educacional vigente, Marquês do Pombal, primeiro-ministro de Dom João VI, em 1727, "proibiu o uso da citada língua através do Diretório dos Índios, ato que pode ser registrado como uma das violências aos povos brasílicos" (Simas; Pereira, p. 5).

Percebendo o domínio político e econômico autônomo da Companhia de Jesus em relação à Coroa e sua influência sobre os indígenas, o Marquês do Pombal expulsou os jesuítas do Brasil, o que fez com que a educação e o projeto de ensino jesuítico fossem destruídos, porém, Pombal não conseguiu implementar um sistema que colocasse o Brasil com potencial suficiente para reerguer a Coroa portuguesa, neste momento, em decadência. Nos anos vindouros, o foco era ensinar ofícios aos indígenas para que eles servissem ao regime da época.

3.2 As políticas indigenistas

O SPILTN (Serviço de Proteção ao Índio e Localização dos Trabalhadores Nacionais) foi a primeira política indigenista, criada pelo militar Cândido Mariano da Silva Rondon, fundado em 1910 após muitas discussões, e pertencia ao Ministério da Agricultura, Indústria e Comércio com o objetivo de

> colocar os indígenas sob a tutela do Estado, que desde o advento da República passou a atuar de forma mais incisiva para territorializar, civilizar e integrar os povos indígenas na chamada sociedade nacional. Em cada reserva indígena, um posto do SPI, e em cada posto, uma escola (Bergamaschi; Medeiros, 2010, p. 58).

O SPILTN impunha que suas escolas dessem noções elementares da língua portuguesa (leitura e escrita), estimulando o abandono das línguas nativas, buscando modificar o cotidiano do povo indígena, a partir da socialização e das características comuns à escola como veículo de reprodução cultural. Esse serviço, porém, não abrangia apenas os indígenas, mas, também, os trabalhadores rurais, tratando de formá-los e viabilizá-los como mão de obra capaz de se inserir nos padrões "racionais" e "modernos" de plantio, cultivo e mercado.

Em 1918, o órgão passou a denominar-se apenas SPI (Serviço de Proteção ao Índio) e a fazer parte do Ministério do Trabalho, Indústria e Comércio.

> Desde as primeiras décadas do século XX, escolas técnicas atuaram no sentido de formar mão de obra, dentro dos objetivos postos pelo SPILTN, compondo o cenário da educação escolar indígena daquele período e impondo um

modelo integrador que apontava para a extinção dos povos originários. Mesmo com a presença do Estado, que se pretendia laico, muitas ordens religiosas se mantiveram atuando entre os povos indígenas no século XX, algumas de comum acordo, até mesmo selando convênios com o governo republicano, por meio do SPI e mais tarde da Fundação Nacional do Índio (Funai), possibilitando assim a continuidade da presença religiosa na educação escolar dos povos indígenas, embora com outros parâmetros de atuação (Bergamaschi; Medeiros, 2010, p. 58).

A escola para os indígenas buscava invisibilizá-los, apagar sua cultura e fazer com que não tivessem voz para que fossem moldados aos interesses de seus colonizadores. Apenas em 1967, com a criação da FUNAI (Fundação Nacional do Índio) ligada ao Ministério do Interior, inicia-se um processo educativo que respeita as línguas indígenas, trabalhando-as no ambiente escolar concomitantemente à língua portuguesa.

Essa mudança deu-se em virtude do convênio entre o Summer Institute of Linguistics (SIL) e o Estado brasileiro.

O SIL é uma missão evangélica especialista na tradução do Novo Testamento para línguas ágrafas. A tradução configura um padrão de evangelização próprio para comunidades rurais pequenas, falantes de línguas ágrafas e que conservam o predomínio da comunicação "face a face" (Barros, 2004, p. 47).

Ainda conforme Barros (p. 48), diferentemente das outras missões, o SIL trabalhava com a tradução do Novo Testamento, "a iniciativa da tradução é de um não-falante nativo, o missionário, que dirige o processo de tradução por meio da assistência de informantes da língua" (Barros, 2004, p. 48). Apesar de ser um instituto evangélico, o SIL não pregava a religião nem tinha igrejas como templos para a pregação, porém, durante a tradução da Bíblia, trazia, intrinsecamente, as questões religiosas, que eram multiplicadas pelos informantes da língua por seu vínculo com os missionários.

De acordo com Bergamaschi e Medeiros (2010, p. 58-59):

> Para implementar o ensino das línguas nativas nas escolas indígenas criou-se o cargo de monitor bilíngue, em geral um jovem da aldeia que recebia formação para desempenhar o papel de tradutor entre os alunos monolíngues e o professor não indígena, o qual ensinava o português e as demais matérias escolares, todas proferidas na língua nacional. Em geral a escrita da língua indígena, ensinada no primeiro ano escolar, servia de passagem para o aprendizado do português e para a introdução, entre os indígenas, de conhecimentos e visões de mundo da sociedade nacional.

Inicia-se, assim, um processo de lutas e conquistas acerca da valorização e do resgate da cultura indígena por meio de seu próprio protagonismo na participação da elaboração e execução de políticas públicas que respeitassem sua cultura e modo de viver no mundo.

3.3 Primeiras conquistas

Na década de 1970, apoiados por ONGs, universidades e setores da igreja, os povos originários, aliados aos movimentos indígenas internacionais, organizam-se na luta pelo direito à terra, à saúde e à educação voltadas para sua cultura, respeitando seus saberes e relação com a mãe terra. Mas, apenas em 1988, garantiu-se, entre outros direitos, a escola diferenciada, decorrente da participação indígena no processo da constituinte iniciado em 1980.

A Constituição de 1988 trouxe as seguintes garantias aos indígenas:

> Art. 210. Serão fixados conteúdos mínimos para o ensino fundamental, de maneira a assegurar formação básica comum e respeito aos valores culturais e artísticos, nacionais e regionais.
>
> [...]
>
> § 2º O ensino fundamental regular será ministrado em língua portuguesa, assegurada às comunidades indígenas também a utilização de suas línguas maternas e processos próprios de aprendizagem.
>
> [...]
>
> Art. 231. São reconhecidos aos índios sua organização social, costumes, línguas, crenças e tradições, e os direitos originários sobre as terras que tradicionalmente ocupam, competindo à União demarcá-las, proteger e fazer respeitar todos os seus bens (Brasil, 1988).

A partir daí, os povos originários foram reconhecidos como cidadãos de direitos relativos à sua cultura e modo de vida, e suas escolas, em 1991, passaram do Ministério do Interior para o Ministério da Educação, o que se constitui como um grande marco nas conquistas dos indígenas. Surgem lideranças e professores indígenas organizados em movimentos que, amparados por novas leis, participam da criação de setores específicos e da gestão de escolas dessa modalidade, modificando por completo o panorama educacional desses povos no país.

Com a promulgação da Lei de Diretrizes e Bases (Lei nº 9.394/96), avanços ainda mais significativos foram conquistados, conforme o que segue:

> Capítulo II
>
> DA EDUCAÇÃO BÁSICA
>
> Seção I
>
> Disposições Gerais
>
> Art. 26. Os currículos do ensino fundamental e médio devem ter uma base nacional comum, a ser complementada, em cada sistema de ensino e estabelecimento escolar, por uma parte diversificada, exigida pelas características regionais e locais da sociedade, da cultura, da economia e da clientela.

O artigo em destaque aponta que deverá ser respeitada uma base nacional comum, mas enfatiza o respeito às características regionais, sociais e locais a partir de uma parte diversificada, incluindo aí as comunidades étnicas e suas particularidades, incluindo os indígenas.

Sendo mais específica ainda, a LDB garante a aprendizagem da língua materna de cada povo indígena:

> Seção III
>
> Do Ensino Fundamental
>
> Art. 32. (...)

§ 3º O ensino fundamental regular será ministrado em língua portuguesa, assegurada às comunidades indígenas a utilização de suas línguas maternas e processos próprios de aprendizagem.

E aprofunda ainda mais seus direitos no artigo 78, ao definir que a União, junto às agências federais de fomento à cultura e assistência aos indígenas, fomentará e desenvolverá linhas de pesquisa e programas integrados de ensino que ofereça formação bilíngue e intercultural aos povos indígenas com os seguintes objetivos:

Art. 78. (...)

I – proporcionar aos índios, suas comunidades e povos, a recuperação de suas memórias históricas; a reafirmação de suas identidades étnicas; a valorização de suas línguas e ciências;

II – garantir aos índios, suas comunidades e povos, o acesso às informações, conhecimentos técnicos e científicos da sociedade nacional e demais sociedades indígenas e não-índias.

E reafirma a participação dos indígenas na construção dessas diretrizes no texto do artigo 79: "§ 1º Os programas serão planejados com audiência das comunidades indígenas".

Quase 500 anos após a invasão do Brasil pelos portugueses, os povos originários são vistos como cidadãos de direito dentro do território brasileiro e aos olhos da lei.

3.4 Os princípios da educação indígena: seus desafios

Devido ao histórico opressor imposto pelo ensino e pela escola aos indígenas no decorrer da história, os povos originários tinham certa repulsa, até pouco tempo, à escolarização no Brasil. Porém, pelas imposições ditadas pela globalização, essa visão está mudando, conforme destaca Luciano (2006):

> Diante das necessidades de um mundo cada vez mais globalizado, os índios julgam que a educação escolar, quando apropriada por eles e direcionada para atender às suas necessidades atuais, pode ser um instrumento de fortalecimento das culturas e das identidades indígenas e um possível canal de conquista da desejada cidadania, entendida como direito de acesso aos bens e aos valores materiais e imateriais do mundo moderno (Luciano, 2006, p. 129).

No Brasil ainda existe a ideia de que os indígenas não possuem educação, mas é indiscutível que a cultura ancestral, transmitida oralmente e por meio do exemplo e da prática, forma artesãos, artistas, ceramistas, pintores, músicos, assim como em qualquer cultura que se utilize do ensino escolar para fazê-lo. A sabedoria é transmitida de geração a geração, na qual os ancestrais se perpetuam a partir do conhecimento transmitido por seus descendentes.

Assim, as crianças desde cedo vão aprendendo a assumir desafios e responsabilidades que lhes permitam inserir-se na vida social e o fazem, principalmente, por meio da observação, da experiência empírica e da autor-reflexão proporcionadas por mitos, histórias, festas, cerimônias e rituais realizados para tal fim (Luciano, 2006, p. 130).

Nas comunidades indígenas, o exemplo dos mais velhos, sejam pais, avós, irmãos ou líderes comunitários, é a base da construção do conhecimento das crianças e jovens, pois, por meio do caráter, das atitudes, dos comportamentos, das virtudes e das habilidades técnicas de uma pessoa são ensinados os valores necessários para uma vida em comunidade. A necessidade de haver um professor para fazê-lo, seria a assunção da incapacidade da família para cumprir seu papel em relação aos seus descendentes.

> O conhecimento na sociedade indígena é dominado pelo mais velho. Mesmo que uma pessoa saiba todas as coisas sobre seu povo, sobre sua tradição, se houver alguém mais velho presente naquele espaço, é de direito que o mais velho responda o que lhe foi perguntado (Munduruku, 2000, p. 92).

Para o processo de educação indígena:

> Os momentos críticos ou os momentos importantes – como a recepção do nome, a "iniciação", o nascimento do primeiro filho, a morte de um parente ou de um membro da comunidade – são fortemente marcados por ações pedagógicas das quais participa quase toda a comunidade (Luciano, 2006, p. 131).

Daí a necessidade de uma educação diferenciada que valorize e respeite a cultura indígena, pois seus princípios e organização em muito diferem da educação formal nas escolas brasileiras. E, apesar de todo o esforço e de todas as garantias dadas pela Constituição e pela LDB, muitos ainda são os embates e as demandas de melhorias e adequação da educação indígena propriamente dita.

Entre essas dificuldades Luciano (2006, p. 134-135) aponta que as escolas indígenas não possuem um sistema próprio, conforme garantido pela lei; existe inadequação do currículo à realidade e necessidades dos indígenas; o material didático-pedagógico não é adequado às demandas próprias desses povos; existe uma dificuldade em fixar coordenadores pedagógicos com a formação necessária nessas comunidades devido à falta de estrutura para que eles lá permaneçam; não há propostas de formação de professores entre os indígenas das localidades; ainda existe uma grande barreira linguística que dificulta o processo de alfabetização desses estudantes.

Uma das grandes barreiras, além de todas as citadas, centraliza-se na visão de mundo indígena, que Munduruku (2000, p. 60) destaca: "tudo está no grande círculo e faz parte de uma teia tramada pela vida de cada um e de todos". Para esses povos sonhos e realidade cotidiana permeados um pelo outro, pois é preciso trazer os sonhos para a realidade vivida e voltar a sonhar. Por isso, o referido autor orienta:

> Não se deve ignorar os sonhos. Nem os nossos, nem os dos nossos alunos. Sonhar é a liberdade do nosso espírito, é um exercício de liberdade. Os sonhos moram na gente, assim como os valores. Eles são a expressão de nossas potencialidades (Munduruku, 2000, p. 98).

O indivíduo que se constitui sob essas bases vive melhor o presente, respeita o outro, entende a si mesmo e compreende sua importância para a comunidade, verdades muito distantes da escola no geral, baseada na cultura ocidental de nossos colonizadores e que se perpetua até os dias atuais.

O Censo Escolar Indígena de 2022 aponta que:

> Das 178,3 mil escolas de ensino básico, 3.541 (1,9%) estão localizadas em terra indígena – ministram conteúdos

específicos e diferenciados, de acordo com aspectos etno-culturais – e 3.597 (2%) oferecem educação indígena, por meio das redes de ensino. Quando se trata somente do ensino fundamental (como especifica o Art. 10 da Constituição), 3.484 escolas estão em territórios de comunidades originárias. Dessas, 3.234 oferecem turmas de anos iniciais (1º ao 5º) e 1.956, de anos finais (6º a 9º). Entre as escolas que oferecem educação indígena, 3.267 possuem turmas de anos iniciais e 1.984, de anos finais (Inep, 2023).

Esses dados fazem parte da primeira etapa do Censo Escolar 2022, edição mais recente da principal pesquisa educacional do país realizado pelo Ministério da Educação (MEC) e pelo Instituto Nacional de Estudos e Pesquisas Educacionais Anísio Teixeira (Inep). Sendo que das 72,5% das matrículas de alunos (cerca de 34 milhões) que têm a categoria cor/raça informada na pesquisa, pouco mais de 1% se declarou indígena – como essas informações são declaratórias, os números referentes a alunos que não declararam e que não informaram raça ou cor ao censo também deve ser considerado nas análises sobre esses contextos (Inep, 2023).

Quadro 3.1 – Quadro explicativo.

Escolas em terra indígena	Diz respeito ao território no qual as escolas estão localizadas.
Oferta de educação indígena	Não está vinculada ao território, mas ao público majoritário que atende. Nesse contexto, podem haver, por exemplo, escolas urbanas voltadas para esse público.

Fonte: INEP.

O Quadro 3.1 explica claramente as modalidades voltadas para os povos originários, seja em escolas indígenas ou oferta da educação predominantemente indígena, dependendo da localização ou do público atendido na escola. Essas nuances interferem nas bases da educação desejada pelos indígenas devido às diferenças culturais existentes entre os povos distintos que frequentam os mesmos espaços no que se refere à oferta de educação indígena.

A escola indígena e a educação indígena são lugares de interculturalidade, que permitem aos povos originários circularem entre as duas culturas mantendo as raízes de sua própria cultura. Segundo Bergamaschi e Medeiros (2010, p. 62): "A escola abre uma passagem entre duas sociedades, duas culturas, dois modos de vida: a indígena e a não indígena, permitindo a circulação de duas culturas, tornando-se um espaço de interface entre duas concepções de mundo".

Atualmente o número de indígenas com acesso à educação básica e ao ensino superior, bem como à pós-graduação, vem aumentado, porém, é evidente que ainda há muito o que construir, o que lutar para que, com a passagem do tempo, seja possível manter a cultura dos povos originários viva como forma de reconhecermos como nosso país nasceu, valorizando a relação desses povos com a mãe terra e com sua sabedoria ancestral, que tem muito a nos ensinar.

Referências

AZEREDO, F. **A cultura brasileira:** introdução ao estudo da cultura no Brasil. 6. ed. Brasília: Editora UNB, 1996.

BALANDIER, G **A desordem:** elogio do movimento. Tradução de Suzana Martins. Rio de Janeiro: Bertrand Brasil, 1997. p.156.

BARROS, M. C. D. M. A missão Summer Institute of Linguistics e o indigenismo latino-americano: história de uma aliança (décadas de 1930 a 1970). **Revista de Antropologia**, v. 47, n. 1, p. 47, 2004.

BERGAMASCHI, M. A.; MEDEIROS, J. S. História, memória e tradição na educação escolar indígena: o caso de uma escola Kaingang. **Revista Brasileira de História**. São Paulo, v. 30, n. 60, p. 56, 2010.

BRASIL. **Constituição da República Federativa do Brasil**. Promulgada em 5 de outubro de 1988. Disponível em: https://www.planalto.gov.br/ccivil_03/constituicao/constituicao.htm. Acesso em: 23 out. 2023.

BRASIL. **Lei de Diretrizes e Bases da Educação Nacional**. Estabelece as diretrizes e bases da educação nacional. 1996. Disponível em: https://www.planalto.gov.br/ccivil_03/leis/l9394.htm. Acesso em: 23 out. 2023.

BERGAMASCHI, M. A. MEDEIROS, J. S. História, memória e tradição na educação escolar indígena: o caso de uma escola Kaingang. **Revista Brasileira de História**, São Paulo, v. 30, n. 60, p. 1-19, 2010. Disponível em: http://www.scielo.br/scielo.php?script=sci_artt ext&pid=S010201882010000200004&lng=pt&nrm=iso. Acesso em: 23 out. 2023.

CUNHA. M. C. da. **Cultura com aspa e outros ensaios**. São Paulo: Cosac Naïf, 2009.

INSTITUTO NACIONAL DE ESTUDOS E PESQUISAS EDUCACIO-NAIS ANÍSIO TEIXEIRA – INEP. **Educação em terras indígenas:** o que diz o Censo Escolar. 2023. Disponível em: https://www.gov.br/inep/pt-br/assuntos/noticias/censo-escolar/educacao-em-terras-indigenas-o-que-diz-o--censo-escolar. Acesso em: 02 nov. 2023.

LUCIANO, G. dos S. **O índio brasileiro:** o que você precisa saber sobre os povos indígenas no Brasil. Brasília: Ministério da Educação, Secretaria de Educação Continuada, Alfabetização e Diversidade LACED/Museu Nacional, 2006. p. 129.

MUNDURUKU, D. **O banquete dos deuses.** São Paulo: Angra, 2000.

SIMAS, H. C. P.; PEREIRA, R. C. M. Desafios da educação escolar indígena. Rio de Janeiro: **Revista Escrita**, n. 11, p. 5, 2010.

SOUZA LIMA, A. C. de. **Um grande cerco de paz:** poder tutelar, indianidade e formação do Estado no Brasil. Petrópolis: Vozes, 1995. p.191.

VIVEIROS DE CASTRO, E. **A inconstância da alma selvagem**. São Paulo: Cosac-Naïf, 2002. p. 128.

Capítulo 4

DESIGUALDADES NO CONTEXTO DA ESCOLA PÚBLICA BRASILEIRA

Évelin Albert

Gustavo Alves

Maria Beatriz Fernandes

Renata Cristina Queiroz Rodrigues Souza

Isabelly Vieira da Silva

4.1 Introdução

Desde os primeiros anos de vida escolar, grupos historicamente margina-lizados, como os negros, as mulheres e os menos favorecidos, são confrontados com reflexões sobre suas condições raciais, de gênero e socioeconômicas nas instituições de ensino. Apesar das mudanças constitucionais, notadamente com a promulgação da Constituição de 1988, que estabelece princípios voltados para a democratização, eliminação do analfabetismo e universalização do en-sino persistem evidências de discriminação enraizadas na sociedade brasileira.

Essas deficiências não apenas impactam o ambiente de aprendizado, mas também refletem desigualdades socioeconômicas e raciais enraizadas na sociedade brasileira. Diante desse cenário, torna-se evidente a necessidade premente de políticas públicas inclusivas e participativas que garantam condições mínimas nas escolas e promovam um ambiente escolar propício ao desenvolvimento educacional.

Nesse contexto, torna-se indispensável a compreensão dos dados fornecidos pelo Censo Escolar da Educação Básica, divulgados pelo Instituto Nacional de Estudos e Pesquisas Educacionais Anísio Teixeira (INEP) (Brasil, 2022). A análise e a discussão desses dados são fundamentais para a formulação de políticas públicas e a implementação de programas na área da Educação, visando uma maior igualdade de oportunidades.

Assim, este capítulo propõe-se a discutir os dados referentes à infraestrutura escolar e às matrículas nas redes pública e privada de ensino no Brasil, destacando as disparidades existentes e as necessidades urgentes de intervenção para promover uma educação mais equitativa e inclusiva.

4.2 A educação brasileira

Com base nos resultados do Censo Escolar de 2021, surge uma visão clara do panorama educacional brasileiro: mais de 45,5 milhões de matrículas na educação básica, divididas entre ensino público e privado. Dessa totalidade, cerca de 84% estão nas instituições públicas, enquanto o ensino privado abarca apenas 16%. Esses números evidenciam uma disparidade marcante, assim como a preponderância das escolas públicas na oferta educacional do país. Nesse contexto, torna-se imperativo canalizar recursos substanciais para fortalecer esse setor, dada sua missão crucial em atender à vasta maioria da população e garantir uma educação de excelência para todos os brasileiros.

Além disso, dados atuais indicam que praticamente toda a população entre 4 e 17 anos está matriculada na escola (INEP, 2022). Mesmo com a garantia de ensino obrigatório e gratuito para essa faixa etária, assegurada pela Constituição Federal de 1988 – por meio da Emenda Constitucional nº 59, de 11 de novembro de 2009 (Brasil, 2009) –, a taxa de analfabetismo no país ainda não atingiu o patamar zero. Segundo pesquisa conduzida pelo Instituto Brasileiro de Geografia e Estatística (IBGE), ainda estamos distantes de superar esse desafio, uma vez que 5,6% da população brasileira com 15 anos ou mais não possui habilidades de leitura e escrita (IBGE, 2023).

O estudo também aponta para dessemelhanças significativas, demonstrando que, em comparação com a população branca, a taxa de analfabetismo entre aqueles com 15 anos ou mais é de 3,4%, enquanto para a população negra ou parda, essa taxa sobe para 7,4%. Esta discrepância se amplia ainda mais entre os indivíduos com 60 anos ou mais, onde 9,3% dos brancos não possuem habilidades de leitura e escrita, enquanto esse percentual é quase três vezes maior entre negros e pardos, atingindo 23,3% (IBGE, 2023).

Esses dados evidenciam que as disparidades na educação brasileira são reflexo de diversas formas de desigualdade, especialmente para a população negra e de baixa renda. Isso revela uma estrutura social que perpetua essa desigualdade e dificulta o acesso desses grupos a uma educação de qualidade (Ribeiro, 2019). Essa falta de acesso não se deve à falta de capacidade, mas sim à escassez de oportunidades. Além disso, conforme apontado por Ribeiro (2019), o racismo estrutural representa um grande obstáculo a ser enfrentado. Portanto, é fundamental promover debates nas escolas, pois a transformação na sociedade requer não apenas denúncias ou repúdio moral ao racismo, mas também a adoção de posturas e práticas antirracistas.

4.3 Desafios na educação infantil brasileira

À medida que mergulhamos no âmago das preocupações educacionais no Brasil, além das questões já conhecidas, como o analfabetismo e as disparidades étnicas, emerge uma série de desafios que abarcam desde a equidade de gênero até a escassez de vagas e as deficiências infraestruturais. Uma análise detalhada dos dados fornecidos na Tabela 4.1 nos leva a um panorama rico e complexo. Na etapa da Educação Infantil, que engloba tanto a creche (para crianças de 0 a 3 anos) quanto a pré-escola (para crianças de 4 e 5 anos), somamos um total de pouco mais de 8,3 milhões de matrículas (INEP, 2022).

Dessas matrículas, 77% pertencem à rede pública, enquanto os 23% restantes estão distribuídos na rede privada. Ao direcionarmos nosso olhar especificamente para a creche, observamos que cerca de 2,4 milhões (70%) das matrículas estão na rede pública, enquanto pouco mais de 1 milhão (30%) estão na rede privada. Essa disparidade persiste na pré-escola, onde mais de 4 milhões de matrículas (82%) são registradas na rede pública, em contraste com menos de 1 milhão (18%) na rede privada. No entanto, um dado que salta aos olhos é a discrepância entre o número de matrículas na creche e na pré-escola, evidenciando uma presença quase duplicada na rede pública em comparação com a creche.

Tabela 4.1 – Número e porcentagem de matrículas nas redes pública e privada de ensino, em 2021.

	Pública	**Privada**
Creches	2.399.766 (70%)	1.017.444 (30%)
Pré-escola	4.004.100 (82%)	898.089 (18%)
Ensino Fundamental – anos iniciais	11.912.977 (82%)	2.614.073 (18%)
Ensino Fundamental – anos finais	10.165.819 (85%)	1.800.453 (15%)
Ensino Médio	6.792.878 (88%)	935.158 (12%)
Educação de Jovens e Adultos	2.779.642 (94%)	182.680 (6%)

Fonte: Elaborada pelos autores a partir dos dados do Censo Escolar (INEP, 2022).

A disparidade em questão pode ser atribuída à obrigação estabelecida pelo Plano Nacional de Educação (PNE) 2014-2024, em consonância com a Constituição Federal de 1988. Esta última estabeleceu a obrigatoriedade de matrícula para crianças de 4 e 5 anos de idade. Tal obrigatoriedade foi inicialmente delineada pela Emenda Constitucional n° 59/2009 (Brasil, 2009), posteriormente reforçada pela Lei n° 12.796, de 4 de abril de 2013 (Brasil, 2013). Essas medidas garantem o acesso à educação para essa faixa etária, tornando esta fase do ensino gratuita e compulsória (Brasil, 2009; 2014).

Conforme destacado por Cury (2008), a imposição da frequência escolar obrigatória para essa faixa etária representa uma mudança paradigmática no cenário educacional brasileiro, assinalando um avanço notório em direção à plena cidadania ao integrar a Educação Infantil, o Ensino Fundamental e o Ensino Médio na estrutura da Educação Básica. Dessa forma, essa medida compulsória visa garantir a equidade de oportunidades para todos os indivíduos desde os primeiros passos de sua jornada educacional. Tal iniciativa consolida o compromisso com a formação integral dos cidadãos desde a mais tenra idade e sinaliza um esforço coletivo em direção a uma sociedade mais justa e inclusiva.

Contudo, apesar das diretrizes delineadas pelo Plano Nacional de Educação (PNE) 2014-2024, conforme estabelecido pela Lei nº 13.005/2014, visando ampliar o acesso à creche na Educação Infantil para 50% da população e expandir as atuais 3,4 milhões de vagas para mais de cinco milhões de matrículas (Brasil, 2014), os dados revelam uma realidade de acesso limitado às creches. Isso afeta diretamente os grupos mais vulneráveis, que frequentemente carecem de suporte para cuidar de seus filhos enquanto desempenham suas atividades laborais.

Nesse contexto, torna-se evidente que as mulheres, especialmente aquelas pertencentes a grupos étnicos e socioeconômicos marginalizados, enfrentam uma dupla barreira: tanto no acesso à educação para seus filhos, quanto no mercado de trabalho. A escassez de vagas nas creches não apenas dificulta o acesso das crianças à educação precoce, mas também perpetua um ciclo de desigualdade estrutural, no qual as mulheres muitas vezes se veem compelidas a abdicar de suas carreiras para cuidar de suas famílias.

Em muitas situações, a escassez de vagas em creches força as mães a interromperem suas atividades para cuidar dos filhos (Eggert; Alves; Campagnaro, 2021; Gesqui; Fernandes, 2021), perpetuando um ciclo em que os mais desfavorecidos, frequentemente representados pela população pobre, negra e mulheres, são vitimizados e, em muitos casos, aprisionados em sua própria realidade (Eggert; Alves; Campagnaro, 2021; Ribeiro, 2019; Saffioti, 1987). Paradoxalmente, o Estado, encarregado de eliminar tais disparidades, muitas vezes acaba reforçando essa desigualdade (Arroyo, 2019; Saffioti, 1987).

Esses grupos marginalizados, já excluídos pelo sistema estrutural que rege a sociedade, enfrentam ainda mais obstáculos, pois não têm garantido o mínimo essencial: vagas para educação e condições para sua permanência (Arroyo, 2019). Além disso, persiste um ambiente permeado por machismo, onde frequentemente são as mulheres que abrem mão de suas carreiras para cuidar dos filhos, e, ao retornarem ao mercado de trabalho, são confrontadas com discriminação salarial e oportunidades de progresso profissional reduzidas ao longo de suas trajetórias, alimentando assim mais desigualdades, especialmente de gênero (Albert, 2022b; Eggert; Alves; Campagnaro, 2021; Ribeiro, 2019; Saffioti, 1987). Diante desse ciclo prejudicial, é crucial reconhecer sua existência e tomar medidas imediatas para interrompê-lo, destacando a importância da luta por vagas em creches.

Além da escassez de vagas, é igualmente importante observar as condições oferecidas nas escolas. Segundo o Censo Escolar de 2021 (INEP, 2022), mais de 80% das escolas municipais e conveniadas e 50% das escolas privadas não conveniada, não possuem quadras esportivas, enquanto mais de 64% delas não oferecem áreas verdes para recreação. Também é preocupante o fato de que as escolas municipais, em comparação com as privadas, enfrentam uma carência de pelo menos 20% nos recursos essenciais para a formação, com mais de 70% delas carentes de materiais para atividades pedagógicas. Além disso, cerca de 53,3% das escolas não possuem instalações sanitárias adequadas para crianças, e esse número aumenta para 62,4% quando se trata de banheiros para pessoas com deficiência (INEP, 2022). A tabela a seguir (Tabela 4.2) apresenta os dados relacionados a esse levantamento.

Tabela 4.2 – Porcentagem de escolas de Educação Infantil que não possuem alguns itens imprescindíveis na sua infraestrutura.

Escolas de Educação Infantil	Municipal	Privada conveniada	Privada não conveniada
Quadra de esportes	80,7%	83,2%	50%
Parque infantil	65,3%	24%	16,3%
Área verde	68,5%	65,8%	64,7%
Pátio	31,4%	20,9%	10,1%
Brinquedos para Educação Infantil	38,9%	22,6%	4,5%
Jogos educativos	26,9%	21,7%	6,3%
Materiais para atividades culturais artísticas	70,9%	48,5%	34,5%
Banheiro adequado para a faixa etária	53,3%	25,3%	12,3%
Banheiro para pessoa com deficiência	62,4%	62%	44,2%

Fonte: Elaborada pelos autores a partir dos dados do Censo Escolar (INEP, 2022).

De acordo com Albert (2013), Barbosa e Horn (2001), e Ferreira (2013), a infraestrutura escolar tem um papel importante na vida de uma criança, influenciando diretamente seu desenvolvimento cognitivo, social, emocional e motor, uma vez que esses aspectos demandam um ambiente harmonioso e adequado. No entanto, ao analisarmos os dados apresentados na Tabela 4.2, torna-se evidente a falta de infraestrutura adequada nas escolas municipais e privadas para promover o desenvolvimento e o aprendizado das crianças. Vale ressaltar que o pensamento, o comportamento e as emoções de uma criança são moldados pelas interações que ela estabelece com os ambientes que frequenta e pelos espaços onde vive e socializa, destacando a importância das conexões entre a criança e o ambiente ao seu redor (Albert, 2013; Freire, 1996; Goldschmied; Jackson, 2006).

No contexto da educação infantil, é fundamental que a infraestrutura escolar seja concebida como um ambiente que proporcione conforto e aco-lhimento, criando uma atmosfera que transmita segurança e familiaridade às crianças. Essa perspectiva ressalta a importância de garantir um espaço no qual os pequenos se sintam à vontade para explorar e expressar-se livremen-te, possibilitando, assim, seu desenvolvimento pleno (Albert, 2013). Albert (2013) enfatiza que a qualidade da infraestrutura escolar exerce uma influên-cia significativa nas experiências vivenciadas pelas crianças e molda suas tra-jetórias na busca pelo autoconhecimento.

Os ambientes escolares destinados ao lazer e à autonomia, como quadras esportivas, parques infantis, áreas verdes e pátios, desempenham um papel fun-damental no estímulo ao desenvolvimento de brincadeiras e interações sociais entre os pequenos (Ferreira, 2013). Esses espaços são arenas de diversidade, criatividade e aprendizado, onde as crianças exploram suas habilidades, cons-troem relações e desenvolvem sua identidade por meio da brincadeira.

Da mesma forma, os jogos educativos e os materiais destinados a ativida-des culturais e artísticas oferecem oportunidades valiosas para que as crianças expressem sua criatividade, imaginem novas possibilidades e compartilhem experiências com seus colegas (Albert, 2013; Barbosa; Horn; 2001). Diante da relevância da infraestrutura na educação infantil, é imperativo questionar como o pleno desenvolvimento das crianças pode ocorrer em condições pre-cárias e reivindicar recursos adequados para que elas tenham espaços adequa-dos para brincar, criar, crescer e se desenvolver de forma integral.

4.4 Desafios no Ensino Fundamental e no Ensino Médio

Com base nos dados do Censo Escolar (INEP, 2022), observamos que, no Ensino Fundamental, nos anos iniciais – abrangendo estudantes de 6 a 10 anos – mais de 11,9 milhões de matrículas (82%) foram registradas em escolas públicas. Nos anos finais do Ensino Fundamental, que englobam estudantes de 11 a 14 anos, as escolas públicas contabilizaram pouco mais de 10,1 milhões de matrículas (85%). Ao integrar essas duas etapas do ensino, percebemos que o ensino público abarca mais de 22 milhões de matrículas (85%), enquanto o ensino privado representa pouco mais de 4,4 milhões de matrículas (15%) (INEP, 2022). Este é o nível de ensino com o maior número de estudantes matriculados no país, porém, enfrenta desafios significativos, incluindo altas taxas de evasão e atraso escolar (INEP, 2022).

As causas da evasão escolar e do atraso na conclusão dos estudos podem ser diversas e multifacetadas, estando relacionadas a fatores sociais, políticos, econômicos e culturais, tanto dentro quanto fora do ambiente escolar (Silva, 2010). Internamente, práticas institucionais opressivas, sistemas de avaliação restritivos, currículos desvinculados da realidade dos estudantes (Vaz, 1994), qualidade de ensino deficiente, metodologias inadequadas e falta de material didático adequado, são alguns dos fatores que podem marginalizar e afastar os alunos (Silva, 2010; Vaz, 1994; Verhine; Melo, 1988). Externamente, a necessidade dos estudantes em trabalhar para garantir sustento próprio ou familiar, a relação com seus familiares, a distância das escolas e a escassez de transporte público, também contribuem para esse cenário (Silva, 2010; Vaz, 1994; Verhine; Melo, 1988).

Esses padrões também se refletem no Ensino Médio, apesar do aumento no número de matrículas nos últimos anos, impulsionado pela obrigatoriedade estabelecida desde 2013. No cenário atual do Ensino Médio, que engloba alunos de 15 a 17 anos, mais de 6,7 milhões de matrículas (88%) são registradas em escolas públicas, enquanto pouco mais de 935 mil (12%) ocorrem em instituições privadas. Dessas matrículas, mais de 6,5 milhões estão em escolas estaduais, e mais de 229 mil, em escolas federais. Os dados revelam um total de 7,7 milhões de matrículas no Ensino Médio em 2021, representando um aumento de 2,9% em relação ao ano anterior (INEP, 2022). Esse aumento das matrículas nos últimos dois anos é uma tendência, apesar dos desafios de evasão escolar ou conclusão tardia dos estudos ainda presentes.

Nesse contexto, compreendendo que a escola é um reflexo da sociedade e vice-versa (Freire, 1979), torna-se crucial que as instituições de ensino se tornem mais atrativas, inclusivas e acessíveis a todos. Uma abordagem promissora é investir em um trabalho coletivo, participativo e dialógico (Albert, 2021; 2022a; Freire, 1979; Paro, 2016). Dessa forma, almeja-se uma prática pedagógica que promova uma educação libertadora, na qual a escola seja compreendida em sua totalidade, proporcionando aos alunos a percepção de que eles são agentes ativos do processo educacional e que o mundo precisa ser compreendido de maneira crítica e questionadora (Albert, 2021).

Diante desse horizonte, a escola deve se conceber como uma floresta, rica em diversidade e pluralidade, distanciando-se do conceito de nicho ecológico (Alves, 1980), que tende a excluir e dar voz apenas aos grupos privilegiados. Dessa forma, a instituição educacional se tornará uma narrativa composta por inúmeras vozes, preservando o espaço para um processo educativo democrático, caracterizado por diálogo, participação, experiências, conhecimentos, trocas e consciência na construção de uma sociedade que almeja qualidade de vida e condições para o exercício da cidadania (Araújo, 2004). Além disso, a promoção da acessibilidade torna-se uma prioridade, com a oferta de bolsas de estudo para apoiar estudantes de baixa renda, permitindo que possam dedicar mais tempo aos estudos, sem a necessidade de trabalhar.

Analisando os dados sobre evasão escolar e a falta de acessibilidade de algumas ferramentas tecnológicas no Ensino Fundamental e no Médio, é imprescindível reconhecer as lacunas existentes. Segundo os números apresentados na Tabela 4.3, que retratam o acesso à internet nas escolas brasileiras, observa-se que, embora a maioria das unidades escolares disponha de conexão à internet, 60,2% das escolas municipais não têm acesso a esse recurso para fins educacionais. Nas instituições privadas e federais, esse número cai para menos de 30%, enquanto nas escolas estaduais é um pouco mais de 10%. Além disso, mais de 35% das escolas do país não possuem computadores portáteis para os alunos, sendo que esse número aumenta para mais de 74% nas escolas municipais. Adicionalmente, outras ferramentas como lousa digital e tablet também são escassas nas escolas brasileiras (INEP, 2022).

Tabela 4.3 – Porcentagem de escolas de Ensino Fundamental que não possuem alguns recursos.

Escolas de Ensino Fundamental	Municipal	Estadual	Federal	Privada
Computador de mesa para alunos	60,8	23,1	4,3	33,1
Computador portátil para alunos	74,2	62,3	36,2	49,6
Internet	30,2	8	0	1,6
Internet para ensino e aprendizagem	60,2	10,6	25,9	29,4
Lousa digital	89,2	70,2	44,7	84,5
Projetor multimídia	44,6	20,9	4,3	26,7
Tablet para alunos	93,4	87,4	66	73,3

Fonte: Elaborada pelos autores a partir dos dados do Censo Escolar (INEP, 2022).

Quanto ao Ensino Médio, a situação é semelhante, conforme ilustrado na Tabela 4.4, em que é visível a presença de diversas escolas com uma significativa carência desses recursos tecnológicos, evidenciando a defasagem na infraestrutura.

Tabela 4.4 – Porcentagem de escolas de Ensino Médio que não possuem alguns recursos.

Escolas de Ensino Médio	Municipal	Estadual	Federal	Privada
Computador de mesa para alunos	23,9	21,2	0,5	20,4
Computador portátil para alunos	57,4	57,4	49,2	42,9
Internet	6,4	5	0,2	0,5
Internet para ensino e aprendizagem	34	25,4	8,2	16
Lousa Digital	75,5	68,7	44,4	70,6
Projetor multimídia	17,6	18,5	1,2	13,1
Tablet para alunos	92	86,8	65,2	67,1

Fonte: Elaborada pelos autores a partir dos dados do Censo Escolar (INEP, 2022).

Diante dessas constatações, fica evidente a necessidade premente de revisão das políticas públicas para mitigar os desequilíbrios apresentados, visando proporcionar condições mínimas nas escolas e, por conseguinte, impactar positivamente a aprendizagem e promover um ambiente escolar mais propício (Soares Neto *et al.*, 2013). Paralelamente, é importante destacar que uma abordagem oposta ao "aparelhamento escolar" pode prejudicar o desempenho dos alunos (Machado; Barbetta, 2015).

Ademais, o desempenho dos estudantes não está unicamente ligado ao aparelhamento escolar; a qualidade do corpo docente também contribui em seu desenvolvimento. Portanto, é essencial investir na formação inicial e continuada dos professores, bem como oferecer melhores salários (Albert, 2022b; Hirata; Oliveira; Mereb, 2019) e condições de trabalho adequadas. Ainda, é fundamental que os espaços escolares sejam bem estruturados, proporcionando quadras esportivas, bibliotecas, laboratórios e materiais didáticos adequados (Albert, 2022a).

Considerando as informações das Tabelas 4.3 e 4.4 anteriormente apresentadas, observa-se uma grande disparidade entre as esferas municipal, estadual, federal e privada das escolas. No Ensino Fundamental, a esfera municipal se destaca como a mais carente em todas as suas características em termos de recursos escolares disponíveis, conforme evidenciado na Tabela 4.3. Similarmente, no Ensino Médio, a mesma situação se repete, como mostra a Tabela 4.4, na qual as maiores deficiências, devido à falta de ferramentas, ocorrem em escolas municipais e estaduais (INEP, 2022). No entanto, as instituições federais e, em seguida, as escolas privadas, ocupam melhores posições no *ranking*.

Essa disparidade pode estar relacionada à baixa arrecadação de receitas próprias dos municípios brasileiros, resultando em dificuldades para garantir condições básicas, como é o caso da educação. Como consequência, muitos municípios dependem do Fundo de Participação dos Municípios, o que pode levar a falhas na infraestrutura das unidades escolares. Além disso, a falta de infraestrutura pode ser atribuída a baixos níveis de governança, o que afeta negativamente a eficiência dos gastos públicos (Rajkumar; Swaroop, 2008). Portanto, fica claro que o futuro e o desenvolvimento das escolas públicas estão diretamente ligados ao tipo de governo, sendo que maior atenção às instituições escolares impulsionará investimentos, melhorias e fortalecerá a democracia no país.

4.5 Conclusão

O Censo Escolar do Ensino Fundamental de 2021, divulgado pelo Instituto Nacional de Pesquisas Educacionais Anísio Teixeira (INEP), fornece dados cruciais para entender a situação da educação no Brasil. A análise desses dados revela que a maioria das matrículas é em escolas públicas, indicando a necessidade urgente de investimentos nesse setor.

Apesar da obrigatoriedade do ensino para crianças de 4 a 17 anos, garantida pela Constituição Federal de 1988, ainda existe uma taxa significativa de analfabetismo, especialmente entre a população negra e a pobre. Essa disparidade reflete as profundas desigualdades sociais e raciais no acesso à educação de qualidade.

Na Educação Infantil, há uma discrepância entre o número de matrículas na creche e na pré-escola, com mais matrículas na pré-escola devido à obrigatoriedade estabelecida pelo Plano Nacional de Educação. No entanto, ainda há uma falta significativa de vagas em creches, o que afeta principalmente os grupos mais desfavorecidos, que precisam trabalhar e não têm onde deixar os seus filhos.

Além da falta de vagas, as escolas enfrentam problemas de infraestrutura, com muitas delas não possuindo espaços adequados para atividades esportivas, áreas verdes ou materiais pedagógicos. Isso prejudica o desenvolvimento das crianças e reforça as desigualdades educacionais.

No Ensino Fundamental, há um grande número de matrículas em escolas públicas, mas também uma alta taxa de evasão escolar, relacionada a fatores sociais, econômicos e políticos. O mesmo ocorre no Ensino Médio, apesar do aumento nas matrículas nos últimos anos.

A falta de recursos tecnológicos também é um problema, com muitas escolas não tendo acesso à internet ou computadores para os alunos. Isso afeta ainda mais a qualidade da educação e a equidade no acesso ao conhecimento.

Para enfrentar os desafios educacionais no Brasil, é crucial ampliar as políticas públicas para garantir acesso e permanência dos estudantes na educação pública, melhorar a infraestrutura das escolas e investir na formação de professores. Além disso, é essencial promover uma abordagem inclusiva e participativa, debatendo e agindo sobre questões de gênero, diversidade e desigualdade. Melhorar a infraestrutura escolar, acesso a recursos tecnológicos e promover uma educação que respeite a diversidade são passos fundamentais para reduzir as disparidades educacionais. A participação da comunidade escolar e da sociedade civil é imprescindível para construir um sistema educacional mais justo e eficaz.

Referências

ALBERT, É. Desenvolvimento motor e cognitivo nos anos iniciais: um estudo transversal. **Arquivos Brasileiros de Educação Física**, Tocantinópolis, v. 5, n. 2, p. 12-26, ago./dez. 2022a.

ALBERT, É. Escola democrática: um olhar atento para o diálogo e para a escuta. **Humanidades e Inovação**, Palmas, v. 8, n. 62, p. 345-354, 2021.

ALBERT, É. **Letramento no contexto da Educação Infantil:** uma análise com crianças de 0 a 2 anos. 2013. Disponível em: https://ebooks.pucrs.br/edipucrs/anais/IIICILLIJ/Trabalhos/Trabalhos/S4/evelinalbert.pdf. Acesso em: 23 ago. 2023.

ALBERT, É. **Profissão professora:** narrativas de vida e de (trans)formação. 2022. 141 f. Dissertação (Mestrado em Educação) – Pontifícia Universidade Católica do Rio Grande do Sul, Porto Alegre, 2022b.

ALVES, R. **Conversas com quem gosta de ensinar**. 1. ed. Guarulhos: Cortez, 1980.

ARAÚJO, U. F. **Assembleia escolar:** um caminho para a resolução de conflitos. São Paulo: Moderna, 2004.

ARROYO, M. G. **Vidas ameaçadas:** exigências-respostas éticas da educação e da docência. 1. ed. Petrópolis: Vozes, 2019.

BAKHTIN, M. **Estética da criação verbal**. São Paulo: Martins Fontes, 2003.

BARBOSA, M. C. S.; HORN, M. G. S. Organização do espaço e do tempo na educação infantil. *In*: CRAIDY, C.; KAERCHER G. (Org.). **Educação infantil:** pra que te quero?. Porto Alegre: Artmed, 2001. p. 67-80.

BRASIL. **Constituição da República Federativa do Brasil**. Brasília, DF: Senado, 1988.

BRASIL. **Constituição Politica do Imperio do Brazil** (de 25 de março de 1824). Rio de Janeiro, 1824. Disponível em: http://www.planalto.gov.br/ccivil_03/constituicao/constituicao24.htm. Acesso em: 23 ago. 2023.

BRASIL. **Emenda Constitucional n° 59, de 11 de novembro de 2009.** Acrescenta o § 3° ao art. 76 do Ato das Disposições Constitucionais Transitórias para reduzir, anualmente, a partir do exercício de 2009, o percentual da Desvinculação das Receitas da União incidente sobre os recursos destinados à manutenção e desenvolvimento do ensino de que trata o art. 212 da Constituição Federal, dá nova redação aos incisos I e VII do art. 208, de forma a prever a obrigatoriedade do ensino de quatro a dezessete anos e ampliar a abrangência dos programas suplementares para todas as etapas da educação básica, e dá nova redação ao § 4° do art. 211 e ao § 3° do art. 212 e ao caput do art. 214, com a inserção neste dispositivo de inciso VI. Diário Oficial da União: seção 1, Brasília, DF, n. 216, p. 8, 12 nov. 2009.

BRASIL. **Lei n° 12.796, de 4 de abril de 2013**. Altera a Lei n° 9.394, de 20 de dezembro de 1996, que estabelece as diretrizes e bases da educação nacional, para dispor sobre a formação dos profissionais da educação e dar outras providências. Diário Oficial da União: seção 1, Brasília, DF, n. 65, p. 1-2, 5 abr. 2013.

BRASIL. **Lei n° 13.005, de 25 de junho de 2014**. Aprova o Plano Nacional de Educação – PNE e dá outras providências. Diário Oficial da União: seção 1, Brasília, DF, n. 120-A, edição extra, p. 1-7, 26 jun. 2014.

CARREIRA, D.; PINTO, J. M. de R. **Custo aluno-qualidade inicial:** rumo à educação pública de qualidade no Brasil. São Paulo: Global, 2007.

CURY, C. R. J. A educação básica como direito. **Cadernos de Pesquisa**, São Paulo, v. 38, n. 134, p. 293-303, maio 2008.

EGGERT, E.; ALVES, M.; CAMPAGNARO, S. **O amor tudo crê, tudo suporta?**. Conversas (in)docentes. Santa Cruz do Sul: EDUNISC, 2021.

FERREIRA, Z. Tempos e espaços para brincar: o parque como palco e cenário das culturas lúdicas. *In*: ROCHA, E.; KRAMER, S. (Org.). **Educação infantil:** enfoques em diálogo. 3. ed. Campinas: Papirus, 2013. p. 157-176.

FREIRE, P. **Conscientização**: teoria e prática da libertação: uma introdução ao pensamento de Paulo Freire. São Paulo: Cortez & Moraes, 1979.

FREIRE, P. **Pedagogia da autonomia:** saberes necessários à prática educativa. São Paulo: Paz e Terra, 1996.

GESQUI, L. C.; FERNANDES, A. G. Desafios na oferta de vagas em creches da rede pública municipal de ensino. **Jornal de Políticas Educacionais**, Curitiba, v. 15, n. 5, p. 1-22, jan. 2021.

GIL, A. C. **Métodos e técnicas de pesquisa social**. 5. ed. São Paulo: Atlas, 1999.

GOLDSCHMIED, E.; JACKSON, S. **Educação de 0 a 3 anos:** o atendimento em creche. Tradução de Marlon Xavier. 2. ed. Porto Alegre: Artmed, 2006.

HIRATA, G.; OLIVEIRA, J. B. A; MEREB, T. de M. Professores: quem são, onde trabalham, quanto ganham. **Ensaio:** Avaliação e Políticas Públicas em Educação, Rio de Janeiro, v. 27, n. 102, p. 179-203, jan./mar. 2019.

INSTITUTO BRASILEIRO DE GEOGRAFIA E ESTATÍSTICA –
IBGE. **Conheça o Brasil** – População: Educação. IBGE Educa, s. l.,
2023. Disponível em: https://educa.ibge.gov.br/jovens/conheca-o-brasil/po-
pulacao/18317-educacao.html. Acesso em: 19 ago. 2023.

INSTITUTO NACIONAL DE ESTUDOS E PESQUISAS EDUCACIO-
NAIS ANÍSIO TEIXEIRA – INEP. **Resumo Técnico:** Censo Escolar da
Educação Básica 2021. Brasília: Inep, 2022. Disponível em: https://down-
load.inep.gov.br/publicacoes/institucionais/estatisticas_e_indicadores/resu-
mo_tecnico_censo_escolar_2021.pdf. Acesso em: 23 ago. 2023.

MACHADO, D. C. de O.; BARBETTA, P. A. A. Escala para medir o nível
de aparelhamento das escolas. *In*: Reunião da Abave, 8., 2015, Florianópolis. **Anais** [...]. Brasília: Associação Brasileira de Avaliação Educacional, p.
43-56, 2015.

PARO, V. H. **Gestão democrática da escola pública**. São Paulo: Ática,
2016.

RAJKUMAR, A. S.; SWAROOP, V. Public spending and outcomes: does
governance matter?. **Journal of Development Economics**, Amsterdam, v.
86, n. 1, p. 96-111, abr. 2008.

RIBEIRO, D. **Pequeno manual antirracista**. 1. ed. São Paulo: Companhia das Letras, 2019.

SAFFIOTI, H. I. B. **O poder do macho**. São Paulo: Moderna, 1987.

SILVA, F. C. da. Evasão escolar na EJA nas escolas da rede municipal de
Assu/RN: contextos de uma realidade pedagógica e curricular. *In*: Congresso Internacional da Cátedra UNESCO de Educação de Jovens e Adultos, 1., 2010, Joao Pessoa. **Anais** [...]. João Pessoa: UNESCO, 2010. p.
22-34.

SOARES NETO, J. J.; JESUS, G. R. de; KARINO, C. A.; ANDRADE, D. F. de. Uma escala para medir a infraestrutura escolar. **Estudos em Avaliação Educacional**, São Paulo, v. 24, n. 54, p. 78-99, 2013.

VAZ, J. C. A violência na escola: como enfrentá-la. **Dicas**, Instituto Pólis, São Paulo, n. 10, 1994. Disponível em: https://polis.org.br/publica-coes/a-violencia-na-escola-como-enfrenta-la/#:~:text=Afirmando%20 que%20a%20viol%C3%AAncia%20nas,no%20per%C3%ADodo%20 de%201989%2D1992. Acesso em: 23 ago. 2023.

VERHINE, R. E.; MELO, A. M. P. de. Causes of school failure: the case of the state of Bahia in Brazil. **Prospects**, v. 18, n. 4, p. 557-568, 1988. Disponível em: https://unesdoc.unesco.org/ark:/48223/pf0000082509. Acesso em: 23 ago. 2023.

Parte 2

DIVERSIDADE E IDENTIDADE ÉTNICO-RACIAL: O QUE A LEI DIZ?

Capítulo 1

A LEI Nº 10.639/03 E AS SUAS IMPLICAÇÕES EM PROL DA DEMOCRACIA RACIAL

Mara Lucia da Silva Ribeiro

1.1 Introdução

Para início da discussão proposta neste capítulo, destacamos dois elementos que subsidiarão as análises apresentadas ao longo do texto. Em primeiro lugar, consideramos de fundamental importância observar a redação da Lei Federal nº 10.639, de 09 de janeiro de 2003, que altera a Lei de Diretrizes e Bases da Educação (LDB) – Lei nº 9.394/96 (Brasil, 1996).

Com olhar atento, é possível captar a potencialidade desta lei que, embora seja composta por apenas dois artigos, apresenta grande possibilidade de transformação. Nesse sentido, ressaltamos a força do § 1º:

> § 1º O conteúdo programático a que se refere o *caput* deste artigo incluirá o estudo da História da África e dos Africanos, a luta dos negros no Brasil, a cultura negra brasileira

e o negro na formação da sociedade nacional, resgatando a contribuição do povo negro nas áreas social, econômica e política pertinentes à História do Brasil (Brasil, 2003).

Ao determinar a revisão do currículo dos ensinos fundamental e médio, a Lei nº 10.639/09 identifica e legitima a história do povo negro, para além de sua condição de escravizado, ao mesmo tempo em que reconhece a existência de um posicionamento político diante da seleção dos conteúdos, preconizando a sua profunda revisão.

Importante ressaltar que, por ser fruto de um longo processo histórico, marcado por avanços e retrocessos, essa legislação, compreendida em seu contexto, representa uma vitória para toda a população brasileira comprometida com a emergência de políticas de reparação histórica, das quais compreendemos que essa lei faz parte.

O segundo aspecto, que julgamos de extrema relevância, se entrelaça a este último argumento. Referimo-nos à participação de toda a sociedade na luta antirracista. Defendemos a mobilização de todas as pessoas que tenham consciência da necessidade do combate à violência decorrente do racismo e, por meio da difusão de informações e da educação, a expansão desse grupo e seu fortalecimento.

Nesse sentido, advogamos pela necessária concentração de esforços para que, a partir de uma prática educativa com fundamentação ontológica, possamos difundir os princípios científicos sobre raça, "conceito biológico [...] criado e sustentado secularmente pelo racismo científico, mas que caiu há duas décadas com as recentes descobertas genéticas" (Pinheiro, 2023, p. 43), deixando, porém, um rastro maléfico, que identificamos como racismo social (Pinheiro, 2023; Almeida, 2019).

Nesse contexto, para adensar a análise sobre o que se denomina democracia racial, é preciso tratar do que se entende por raça, na perspectiva de compreensão do racismo como elemento estruturante da sociedade brasileira, o que faremos na primeira seção deste texto.

Na sequência, analisaremos o racismo na perspectiva da sociedade brasileira, apresentando os conceitos de racismo por denegação e por segregação a partir dos estudos de Gonzalez (2019). Em continuação, partindo dessas análises, adensaremos a discussão sobre democracia racial na terceira sessão, que abrirá o caminho para a contextualização da Lei nº 10.639/03, presente na quarta seção. Finalizando este capítulo, apresentamos uma conclusão que busca acentuar de maneira propositiva a importância de uma educação antirracista como *práxis* educativa. Contexto em que destacamos a possibilidade de uma análise da realidade a partir de outras perspectivas, como a proposta por Lélia Gonzalez (2019) e seu conceito de Amefricanidade.

1.2 Afinal de contas: o que é raça?

De acordo com Almeida (2019), o Iluminismo e sua centralidade no estudo sobre o homem criaram as bases filosóficas que justificaram o processo de colonização do século XVII. Assim, construindo ferramentas intelectuais para comparar e classificar os grupos humanos, a partir de características físicas e culturais, foram criadas categorias humanas com denominações do tipo civilizado e selvagem e posteriormente civilizado e primitivo (Almeida, 2019).

Tais classificações, protegidas pelo véu da religiosidade cristã, se transformaram em ações concretas por meio do projeto que prometia "levar a civilização para onde ela não existia que redundou em um processo de destruição e morte, de espoliação e aviltamento, feito em nome da razão e a que se denominou colonialismo" (Almeida, 2019, p. 27). Foi, sobretudo, a partir do processo de colonização, que se materializou em larga escala a comercialização de pessoas e, pelo processo de transformação de seres humanos em instrumentos de trabalho, extraiu-se da população escravizada o direito à humanidade. Somente assim se justificaria tamanha violência aos olhos de Deus e da própria sociedade, que com esse subterfúgio poderia dormir em paz, sem se atentar para a diáspora negra e suas consequências.

Justamente nesse contexto de expansão do capitalismo que o conceito de raça vai se fortalecendo. Ao classificar a humanidade em diferentes agrupamentos humanos, o europeu renascentista cria o conceito por raça instituindo subdivisões para a espécie humana, nomeando-os de raça negra e raça branca. Portanto, não é possível compreender o racismo e suas derivações (preconceito, discriminação, mito da democracia racial, injúria racial etc.) apartado da reflexão sobre branquitude.

Por conseguinte, é possível afirmar que só existe racismo porque a humanidade foi dividida/classificada em grupos e, acima de tudo, pela pretensa superioridade dos(as) brancos(as). Não podemos deixar de ressaltar que, desde o surgimento dessa divisão, os(as) europeus(europeias) se autodeclararam superiores, a princípio se autointitulando de raça civilizada, em detrimento de primitivos, dos quais fazem parte os povos não brancos e incivilizados que, a partir dessa lógica, precisam ser inseridos na cultura branca europeia para serem civilizados e abandonarem a barbárie.

Nesse sentido, ao discutir as desigualdades sociais e econômicas em decorrência do racismo, Pinheiro (2023, p. 48) afirma que

> a partir do processo de criação do mito da racialidade, ou seja, da construção da categoria de raça como um marcador social de diferenciação, hierarquização e dominação de pessoas, surge o racismo como um sistema social e estrutural de opressões pautado no dispositivo da raça.

Para a autora, mesmo após séculos de proibição da escravização dos povos africanos, esse modo de produção social não foi solidamente extinto, visto que suas consequências ganham "dimensões ontológicas de desumanização do povo negro" (Pinheiro, 2023, p. 48), o que se verifica pela perpetuação dos privilégios a que estão submetidas todas as pessoas brancas, tenham ou não consciência de sua condição de branquitude. Que pode ser definida como "uma categoria social, que se refere a um lugar de vantagens simbólicas, subjetivas e materiais disponíveis para as pessoas identificadas como brancas" (Pinheiro, 2023, p. 40).

Corroborando essa perspectiva, Almeida (2019) afirma que essa conjuntura pode ser explicada a partir do conceito de racismo estrutural. Ao se debruçar sobre a análise do conceito de racismo, o autor identifica três concepções diferentes, que, por julgarmos de fundamental compreensão para a continuidade de nossa análise, apresentamos a seguir.

- **Racismo Individualista**

De acordo com Almeida (2019, p. 36), nesta concepção "não haveria sociedades ou instituições racistas, mas indivíduos racistas, que agem isoladamente ou em grupo". Apontando a fragilidade dessa abordagem, o autor destaca sua ausência de historicidade e reflexão sobre os efeitos do racismo, a partir de uma percepção que recai apenas sobre sujeitos que devem ser punidos por seus atos. Portanto, a solução está na correção de atos por sansões aos sujeitos ou coletivos racistas.

- **Racismo Institucional**

O autor parte da definição de instituição como um organismo que objetiva promover a estabilidade social, a partir de uma normalização baseada em regras que permitem a inclusão dos sujeitos em um determinado grupo ou sociedade. A eficácia dessas organizações se revela na homogeneização dos comportamentos, de tal sorte que as ações humanas serão moldadas a partir do regramento por elas estabelecido, portanto, pelas instituições. Tendo em vista a heterogeneidade social, o sistema de justiça, por exemplo, é concebido como a instituição que busca controlar os conflitos sociais.

De acordo com a análise de Almeida (2019, p. 40), tendo em vista a hegemonização das instituições "por determinados grupos raciais que utilizam mecanismos institucionais para impor seus interesses políticos e econômicos", a desigualdade racial deixa de ser explicada pela ação de indivíduos ou grupos racistas. A linha condutora desta perspectiva está no poder e no controle de determinados grupos sobre as instituições, para impor padrões racializados de cultura e práticas sociais, o que lhes permite inclusive manter o controle dessas mesmas instituições.

A utilização do conceito de hegemonia enfatiza a existência de resistências no interior da sociedade (Almeida, 2019) e o enfrentamento a elas com a utilização dos aparelhos hegemônicos de Estado, que atuam para a criação de consensos que visam a manutenção do *status quo*. Dessa forma, as instituições são compreendidas como mecanismos de controle dos conflitos sociais e estão a serviço de determinado projeto político. Portanto, instituições como o Estado, as escolas, as universidades, dentre outros, são responsáveis pela manutenção de privilégios a determinados grupos sociais, a partir de padrões de raça que, como já vimos, é uma criação das pessoas brancas contra todas as consideradas não brancas.

- **Racismo Estrutural**

Nessa concepção é possível verificar um avanço reflexivo a partir dos elementos que compõem a percepção do racismo institucional. Desta forma, se racismo institucional "significa que a imposição de regras e padrões racistas por parte da instituição é de alguma maneira vinculada à ordem social que ela visa resguardar", estamos afirmando que "as instituições são racistas porque a sociedade é racista" (Almeida, 2019, p. 47). Desta forma, o racismo está presente na estrutura social, econômica e política de um determinado grupo humano, visto que é constituído a partir de determinadas relações de poder e subjugamento, que por sua vez se configura na base sobre a qual são elaboradas as regras jurídicas, econômicas e sociais. Nesses termos, Almeida (2019) enfatiza o caráter histórico e político do racismo como processo de construção e manutenção de privilégios e discriminações, com as mais variadas cargas de violência.

Corroborando a análise apresentada por Almeida (2019), destacamos que, assim como a estrutura racista foi edificada por seres humanos, acreditamos na possibilidade de destruição dessa estrutura, paralelamente à edificação de uma outra forma de organização social, cenário no qual se inserem as políticas afirmativas, como a que estamos analisando e que possui relevante papel na construção de uma educação verdadeiramente autônoma e libertadora de toda e qualquer opressão.

Nesse sentido, compreendemos como ações afirmativas aquelas que buscam promover a igualdade, por meio de políticas públicas que tenham por objetivo beneficiar minorias discriminadas ao longo da história, na perspectiva de reparar injustiças. Almeida (2019) destaca o caráter constitucional dessas políticas afirmando seu respaldo jurídico, assim como sua necessária relação com preceitos ético-políticos que devem permear as políticas públicas que visam a erradicação da marginalização de determinados grupos sociais.

1.3 Mas será que existe racismo no Brasil?

Na busca por uma resposta que tenha sentido a partir das análises que apresentamos até aqui, buscamos aprofundar a leitura do mundo que nos cerca, na perspectiva de identificarmos as sutilezas que nem sempre são visíveis a olhos nus, motivo pelo qual sempre utilizamos as lentes da ciência.

Nesse sentido, ressaltamos a necessidade de compreensão da totalidade dos processos históricos que resultaram na construção do tipo de racismo brasileiro, com características diferentes de outras regiões do planeta, como, por exemplo, nos Estados Unidos da América ou na África do Sul. Para essa análise, nos basearemos nos estudos de Gonzalez (2019), que apresenta dois conceitos: o racismo por denegação e o racismo por segregação explícita.

De acordo com a autora, o racismo segregacionista, como a palavra sugere, divide os grupos sociais na prática cotidiana, agrupando a população subjugada em locais que os grupos dominantes não desejam frequentar ou viver. Tal organização social está baseada em normativas legais que determinam as regras de utilização de espaços públicos ou da oferta de serviços como hospitais e escolas, como exemplo concreto temos o *apartheid* na África do Sul, diferente do que acontece com as populações submetidas ao racismo por denegação, pois nelas todas as pessoas convivem, aparentemente, sob as mesmas regras. Porém, a existência de um sistema de privilégios não escrito garante que sujeitos brancos tenham mais facilidade em acessar determinados serviços ou benefícios.

Para a compreensão do racismo por denegação, Gonzalez (2019) analisou as diferentes formas do colonialismo utilizadas pelos países europeus, no período do mercantilismo. Nessa perspectiva, debruça-se sobre a história dos países ibéricos, na busca por explicações acerca das relações sociais que se estabeleceram na América Latina a partir de sua ocupação pelos europeus. Com base em suas pesquisas, a autora destaca a influência da presença moura na Península Ibérica e na constituição das relações sociais de portugueses e espanhóis, que resultou na rigidez hierárquica da estrutura social, que se expressava na violência dispensada aos mouros e judeus como forma de controle social e político.

Para Gonzalez (2019, p. 345), está nessa estrutura social a raiz do racismo por denegação:

> As sociedades que vieram a constituir a chamada América Latina foram as herdeiras históricas das ideologias de classificação social (racial e sexual) e das técnicas jurídico-administrativas das metrópoles ibéricas. Racialmente estratificadas, dispensaram formas abertas de segregação, uma vez que as hierarquias garantem a superioridade dos brancos como grupos dominantes.

Nesse contexto, a sociedade brasileira pós-dominação portuguesa se estruturou a partir de uma relação de controle com a utilização de mecanismos já dominados pelos portugueses, o que conferiu ao racismo brasileiro sofisticados elementos de exploração de classes, explicados por meio da ideologia do branqueamento (Gonzalez, 2019).

Após a utilização da estratégia de desumanização dos corpos não brancos, garantindo uma supremacia econômica e racial, o racismo adquire uma nova roupagem, para atender novos objetivos. Assim, visando perpetuar o controle sobre o "sujeito colonial [...]. Em vez de destruir a cultura, é mais inteligente determinar qual o seu valor e seu significado" (Almeida, 2019, p. 73), de tal forma que a cultura não branca passa a ser classificada como exótica e transforma-se em mercadoria.

Esse processo violento de desqualificação cultural induz a um comportamento de negação do que não é reconhecido como de qualidade. Para se sentirem pertencentes, as pessoas aderem aos padrões culturais aprovados, de forma que os modelos estéticos passam a ser padronizados e tudo o que dele foge é denominado exótico. Nas sociedades em que predomina o racismo por denegação, esse processo garante o fortalecimento da ideologia do branqueamento, ao passo que em países organizados a partir do racismo por segregação vigora a concepção de que basta uma gota de sangue para ser considerado negro, o que não dispensa o processo de branqueamento, mas lhe confere outras características.

Nesse contexto, é preciso destacar que, para além da brutalidade que a organização de uma sociedade marcada pela segregação representa, essa face do racismo incita o desenvolvimento de certos mecanismos de resistência e criação de elementos de compreensão de si e da totalidade da sociedade. Gonzalez (2019, p. 346) ressalta as possibilidades do desenvolvimento da subjetividade infantil diante do racismo explícito, afirmando que nesse contexto as crianças negras "crescem sabendo que o são e sem se vergonharem disso, o que lhes permite desenvolver outras formas de percepção no interior da sociedade onde vivem".

A autora toma como exemplo a produção de intelectuais negros(as) norte-americanos(as) para enfatizar a autonomia e a inovação da produção acadêmica desses grupos que, a partir de muita persistência, sofrimento e estudo, conquistaram reconhecimento internacional. Assim, mesmo ressaltando a violenta tentativa de silenciamento dos produtores desses conteúdos, podendo chegar a seu ápice com o assassinato de lideranças como Malcon X e Martin Luther King Jr., Gonzalez (2019) insere a tomada de consciência de si e do outro como elemento fundamental na luta pela extinção das discriminações raciais:

> [...] é justamente a consciência objetiva desse racismo sem disfarces e o conhecimento direto de suas práticas cruéis que despertam esse empenho, no sentido de resgate e afirmação da humanidade e competência de todo um grupo étnico considerado inferior. A dureza dos sistemas fez com que a comunidade negra se unisse e lutasse, em diferentes níveis, contra todas as formas de opressão racista (Gonzalez, 2019, p. 346).

Embora seja contundente na diferenciação dos tipos de racismo, destacando os aspectos violentos em ambos, Gonzalez (2019) enfatiza também a existência de mecanismos de resistência e de luta nos dois contextos.

Corroborando essa concepção, Gomes (2017) destaca a importância do movimento negro brasileiro como espaço de resistência e luta antirracista. A autora sublinha a produção científica de intelectuais negros(as) que disputam espaços acadêmicos e políticos junto aos setores conservadores da sociedade que, na busca pela consolidação e seus privilégios, seguem provocando desigualdades e injustiças sociais e econômicas:

> [...] a produção engajada da intelectualidade negra como integrantes do pensamento que se coloca contra os processos de colonização incrustados na América Latina e no mundo; movimento e intelectualidade negra que indagam a primazia da interpretação e da produção eurocentrada de mundo e do conhecimento científico. Questionam os processos de colonização do poder, do ser e do saber presentes na estrutura, no imaginário social e pedagógico latino-americanos e de outras regiões do mundo (Gomes, 2017, p. 15-16).

Nesse sentido, e sobretudo pela perspectiva de combate aos discursos que insistem em perpetuar a ilusão de que nós, brasileiras e brasileiros, vivemos em uma sociedade sem racismo, é urgente buscar respostas para questionamentos do tipo: "Por que será que se tem 'o preconceito de não ter preconceito' e ao mesmo tempo se acha natural que o lugar do negro seja nas favelas, cortiços e alagados?" (González, 1984, p. 283). Questão fundante do pensamento racista, que buscamos derrotar com a difusão de estudos decoloniais, que podem ganhar potência com a implementação da Lei nº 10.639/03.

1.4 Mas, afinal, o que é a tal democracia racial?

De acordo com o dicionário da língua portuguesa, *Aurélio online*, democracia pode ser entendida como o "Regime que se baseia na ideia de liberdade e de soberania popular através dos quais não há desigualdades ou privilégios entre classes".[5] Partindo dessa definição e das análises apresentadas nesse texto, julgamos fundamental a contextualização das discussões sobre o mito da democracia racial.

Tomemos, então, a criação do conceito de raça apresentado a partir das análises de Almeida (2019) e Pinheiro (2023) para refletir sobre esse mito. De acordo com seus estudos, não é possível alinhar democracia com raça, visto que racismo é uma derivação direta de raça, que por sua vez é um conceito criado pelos europeus renascentistas para classificar os demais seres humanos que por eles seriam violentamente dominados.

Na perspectiva de aprofundar essa reflexão, buscamos em Gonzalez (1984) as bases teóricas que possibilitam uma análise profunda sobre o racismo brasileiro. Por meio de um ensaio que associa racismo e sexismo, a autora busca responder às indagações sobre os processos que possibilitaram a aderência da sociedade brasileira ao mito da democracia racial. Destacamos a maestria de sua escrita muito bem-humorada, que possibilita a tradução de conceitos densos em uma linguagem simples, muitas vezes utilizando o *pretoguês*, por ela definido como a "marca da africanização do português falado no Brasil" (2019, p. 342).

Nesse texto, Lélia Gonzalez busca desmistificar a democracia racial, analisando o carnaval a partir da psicanálise na perspectiva da compreensão do racismo como sintoma de uma neurose social instituída na cultura

---

5   Disponível em: https://www.dicio.com.br/democracia/. Acesso em: 23 jan. 2024.

brasileira. De acordo com sua análise, essa neurose foi desenvolvida por meio da naturalização das relações sociais marcadas pelo racismo, de maneira que é comum adjetivar os sujeitos que compõem a população negra como irresponsáveis, incapazes, imaturos. Portanto, pela lógica da ideologia branca

> [...] é natural que seja perseguido pela polícia, pois não gosta de trabalho, sabe? Se não gosta de trabalho, é malandro e se é malandro é ladrão. [...] Mulher negra, naturalmente, é cozinheira, faxineira, servente, trocadora de ônibus ou prostituta. Basta a gente ler jornal, ouvir rádio e ver televisão. [...] Racismo? No Brasil? Quem foi que disse? Aqui não tem diferença porque todo mundo é brasileiro acima de tudo, graças a Deus (Gonzalez, 1984, p. 225-226).

Para analisar o mito da democracia racial, Gonzalez (1984) utiliza os conceitos de consciência e a memória realizando uma leitura antropológica a partir desses conceitos trazidos da psicanálise, afirmando que:

> Como consciência a gente entende o lugar do desconhecido, do encobrimento, da alienação, do esquecimento e até do saber. É por aí que o discurso ideológico se faz presente. Já a memória, a gente considera como o não-saber que conhece, esse lugar de inscrições que restituem uma história que não foi escrita, o lugar da emergência da verdade, dessa verdade que se estrutura como ficção (Gonzalez, 1984, p. 226).

De acordo com a autora, é a partir da ideologia dominante (branca racista) que se opera a destituição ou ocultação de determinadas memórias da população por meio do processo de criação de uma consciência que objetiva assimilar um determinado discurso, que passa a ser entendido como a verdade.

E é justamente esse processo dialético de conflito entre consciência e memória que permite a atualização do mito da democracia racial todos os anos, quando negras e negros (especialmente mulheres negras) ocupam um lugar de destaque nos telejornais e noticiários de maneira geral, veiculados no Brasil e no exterior. Momento no qual as mulheres negras que no mundo real ocupam profissões indesejadas pelas brancas, vivem verdadeiros contos de fadas, para os quais não existe o desfecho do *felizes para sempre*.

Importante destacar que a vivência desses dias específicos marcados no calendário, quando mulheres negras são consideradas rainhas, princesas e afins para, logo na sequência, serem reconduzidas a seus lugares subalternizados, confere à população negra uma sensação de igualdade (Gonzalez, 1984). Esse desfecho, assim analisado, desvela uma das mais brutais concretizações da violência simbólica que caracteriza o racismo por denegação, presente no mito da democracia racial.

Tendo em vista a característica abstrata que atravessa a ideologia racista, que nega a existência do preconceito, mas que aceita como natural a diferença econômica entre negros(as) e brancos(as), a aderência ao mito da democracia racial é algo muito profundo e de difícil remoção.

É nessa perspectiva que destacamos a maneira como Abdias do Nascimento (1914-2011) descreve a forma como se pegou pensando nessa questão. Ele nos conta que se sentiu bastante impactado em 1941 em Lima (Peru), ao assistir um espetáculo de teatro *O Imperador Jones*, de Eugene O'Neill, e se deparar com a interpretação do protagonista (personagem negro) por um ator branco pintado de preto.

Essa experiência permitiu que, em alguma medida, o economista e futuro teatrólogo questionasse a democracia racial brasileira, ao contemplar a pífia apresentação do ator, que não possuía as ferramentas necessárias para interpretar "o dilema, a dor, as chagas existenciais da pessoa de origem africana na sociedade racista das Américas" (Nascimento *apud* Pereira, 2011, p. 34). Destacamos que, em 1945, Abdias do Nascimento, já à frente do Teatro Experimental do Negro (TEN), dirigiu o primeiro espetáculo com atores negros a se apresentarem no Theatro Municipal do Rio de Janeiro.

Porém, somente com a criação do MNU (Movimento Negro Unificado), em 1978, os grupos organizados passam a questionar fortemente o mito da democracia racial, condenando qualquer iniciativa que tenha por objetivo dissimular o racismo brasileiro.

Nesse aspecto, já inserindo em nossas reflexões o contexto da luta do povo negro pelo fim da violência racial, sublinhamos a importância das políticas de reparação histórica como conquistas dessas mobilizações e do acúmulo de estudos e aprofundamentos teóricos que se materializaram em leis que precisam ser compreendidas para serem implementadas.

1.5 Contextualizando a Lei n° 10.639/03

Na perspectiva de uma educação decolonial, é importante destacar que as resistências à violência racial ocorreram desde a época colonial, e se materializaram de diversas formas. Embora não seja nosso objeto de análise, mas tendo em vista a necessidade de contextualizar a elaboração da Lei n° 10.639/03, destacaremos alguns aspectos do movimento negro brasileiro, na perspectiva desse como impulsionador da referida lei. Ressaltamos que o próprio termo Movimento Negro foi cunhado em 1937, quando utilizado no jornal **A Voz da Raça**, pertencente à Frente Negra Brasileira (FNB).

Nesse sentido, intelectuais negros são compreendidos como responsáveis pela construção de uma outra epistemologia, que se propõem a refletir sobre novas perspectivas explicativas de existência do ser humano e do mundo, rompendo com a visão unitária do branco europeu. Partimos da concepção de Gomes (2017, p. 14) que compreende o Movimento Negro como "produtor de saberes emancipatórios e um sistematizador de conhecimentos sobre a questão racial no Brasil. Saberes transformados em reivindicações, das quais várias se tornaram políticas de Estado nas primeiras décadas do século XXI".

Tomaremos como base apenas as ações organizadas após o advento da República. Opção justificada pelo objeto a que se propõe este texto, assim como pela construção de um modelo de nação e, portanto, de povo brasileiro, que fazia parte do projeto civilizatório da República.

Com a Proclamação da República, em 1889, planejada a partir dos interesses da elite agrária, especialmente a cafeeira paulista, surge a necessidade de organizar uma nova sociedade, agora com os ideais republicanos, que possuem no liberalismo sua característica fundante.

Nesse sentido, a escola era a instituição que melhor daria conta dessa empreitada, garantindo que, pela instrução popular, o(a) novo(a) brasileiro(a) viesse a atender as expectativas do Brasil Republicano.

De acordo com Souza (1998, p. 67):

> [...] uma das características mais marcantes da cultura escolar primária, ao longo do século XX, talvez tenha sido os seus vínculos com a construção da nacionalidade. O amor à pátria, os valores cívicos e o nacionalismo foram cultivados dentro e fora das salas de aula e deixaram raízes profundas na escolarização da infância.

O advento da República trouxe consigo importantes mudanças estruturais no Brasil, e com elas algumas preocupações que serão motivo de debate entre os intelectuais e a elite brasileira. Dentre elas, Souza (1998) destaca a transição para o trabalho livre, a modernização da sociedade e o progresso da nação. Desta forma, a construção de uma instrução popular que pudesse atender a estas demandas faz parte do projeto político do novo regime.

Nesse contexto, ressaltamos o caráter higienista da ideologia do branqueamento que, no processo de ampliação da instrução popular, excluiu a população negra (Souza, 1998).

Situação que era objeto de preocupação e denúncia da FNB, que, em 1929, intentava organizar o primeiro Congresso da Mocidade Negra em São Paulo, que tinha na educação de seus filhos e filhas uma de suas preocupações. Ressaltamos que, embora reconheçam a exclusão da população negra dos bancos escolares, os participantes desta fase do movimento negro se autodeclaravam legítimos filhos da pátria brasileira, responsáveis pelo progresso econômico do Brasil, pois eram os principais plantadores de café, portanto, suas reivindicações indicam um desejo de inserção à sociedade brasileira (Pereira, 2011).

Analisando o movimento negro a partir da produção científica de seus intelectuais, Pereira (2011; 2013) contextualiza esse movimento no combate à discriminação racial e da construção de uma identidade negra positiva, que, à medida que avança em suas reflexões, procura romper com o mito da democracia racial, dada sua vinculação com a ideologia do branqueamento.

Com base nessa assertiva, compreendemos que o percurso do movimento negro, marcado por muitas disputas, precisa ser compreendido em sua totalidade como um processo que possui marcos importantes, das quais faremos alguns destaques a seguir, dado seu caráter propulsor de políticas públicas de reparação histórica, como a Lei nº 10.639/03.

De acordo com Pereira (2011), é possível reconhecer três fases no movimento negro brasileiro ao longo do século XX que, embora tenham coexistido em todo o seu percurso, apresentam características que, agrupadas, facilitam sua compreensão como processo histórico.

A primeira fase que perdurou aproximadamente do início do século XX até o Golpe do Estado Novo, foi marcada pela atuação da FBN, que se transformou em partido político, fechado em 1937 por Getúlio Vargas, junto aos demais partidos. Sua principal característica era a luta pela inserção da população negra à sociedade e um forte nacionalismo, com tendência fascista, o que pode ser explicado pelo contexto histórico.

A segunda fase se estendeu desde meados da década de 1940, período da redemocratização, até o Golpe Militar de 1964. Foi marcada pela criação do Teatro Experimental Negro (TEN), que impulsionou atividades culturais e educativas, incluindo processos de alfabetização para o fortalecimento de atores e atrizes negros e a compreensão da discriminação como atitude racista. Nessa mesma fase tivemos a criação da União dos Homens de Cor (UHC), que atuava fortemente em protestos de caráter político e cultural, bem como em ações educativas de alfabetização, embora tivesse "uma perspectiva de atuação social mais próxima à da FNB, no sentido da busca de integração do negro na sociedade brasileira através de sua 'educação' e de sua inserção no mercado de trabalho" (Pereira, 2011, p. 34).

A terceira fase está inserida em um contexto de influência das lutas antirracistas de diversas partes do mundo, em especial dos EUA e do continente africano, a partir da década de 1960, período em que verificamos o maior número de países africanos conquistando sua independência.

O contexto internacional, o acúmulo de reflexões e a necessidade de uma forte mobilização convergiram para a articulação inédita de diversas entidades do movimento negro e a criação do Movimento Negro Unificado (MNU), no ano de 1978, em meio à resistência ao regime militar. Principal responsável pelo avanço na discussão sobre as características do racismo brasileiro, o MNU intensificou as lutas e reivindicações da população negra organizada, aprofundando importantes reflexões sobre o papel do Estado nesse processo, bem como do próprio movimento negro.

Para Pereira (2011) o MNU buscava a conscientização da população na perspectiva do fortalecimento da luta contra as desigualdades raciais. Observe-se que em sua carta de princípios, datada de 1988, dentre outras reivindicações, encontram-se "reavaliação da cultura negra e combate à sua comercialização, folclorização e distorção",[6] portanto, suas reivindicações buscavam ressignificar a história do povo negro, exaltando sua cultura e não apenas apresentando-os como povo escravizado.

Tal perspectiva do movimento negro seguiu esse caminho, especialmente durante o período de redemocratização pós-regime militar. Pereira (2011) destaca a atuação de educadores negros na construção de material didático e na atuação direta junto às escolas na formação de professores para uma educação antirracista. De acordo com sua pesquisa, o material produzido circulava por todo o território brasileiro, dada a teia de conexões formada principalmente na década de 1980, com especial participação do Centro de Cultura Negra do Maranhão (CCN), liderado, à época, por Maria Raimunda.

Dessa forma, afirmamos que os passos aqui apontados do movimento negro reforçam a nossa tese de que a Lei nº 10.639/03 deve ser compreendida como resultado do reconhecimento das reivindicações do movimento negro e da tardia, porém necessária, atuação do Estado para a valorização da cultura negra, a partir de sua difusão por meio dos currículos escolares.

1.6 Conclusão

Neste capítulo procuramos analisar o mito da democracia racial, apresentando os conceitos de raça, racismo estrutural, racismo por segregação e racismo por denegação, como categorias de análise da sociedade brasileira, na perspectiva da compreensão de sua totalidade. Nesse sentido, buscamos demonstrar como o combate ao racismo estrutural é atravessado pela compreensão dos elementos que o compõem, para que, dessa forma, ao assumirmos o racismo que permeia as relações sociais e econômicas, possamos de

---

6   Documento disponível em: https://mnu.org.br/wp-content/uploads/2020/07/CARTA-DE-PRINC%C3 %8DPIO-MNU-1.pdf. Acesso em: 11 jan. 2024.

fato combater a discriminação e os privilégios durante o processo de construção de uma sociedade mais justa e igualitária.

Ao abordarmos o percurso do movimento negro brasileiro, intentamos dar luz às suas reivindicações, enfatizando sua relação direta com a conquista de políticas públicas de reparação histórica. Sobretudo pela compreensão da educação como possibilidade de transformação, por meio da práxis defendida por Freire (1987), que toma a apreensão da realidade como objeto propulsor da emancipação social por meio da integração entre teoria e prática, uma ação reflexiva que possibilita a transformação da realidade.

Nesse sentido, em contraposição ao modelo ariano de explicação da sociedade que tem o racismo como essência, Lelia Gonzalez (2019) propõe a Amefricanidade como categoria de análise da sociedade, de maneira que Améfrica é entendida como sistema etnográfico que congrega não somente africanos trazidos do continente pelo tráfico negreiro, mas todos os povos que aqui chegaram antes de Colombo. Nessa perspectiva, refletir sobre o conceito de raça criado pela branquitude (como foi apresentado) adquire outros contornos, na medida em que possibilita a análise da realidade brasileira por outros ângulos. Em outras palavras, a perspectiva do mundo observado a partir de olhos não brancos pode colorir e ampliar as possibilidades de compreensão da realidade, atendendo à diversidade multicultural da humanidade.

Referências

ALMEIDA, S. L. de. **Racismo estrutural**. São Paulo: Pólen, 2019.

BRASIL. **Lei nº 10.639, de 9 de janeiro de 2003**. Altera a Lei nº 9.394, de 20 de dezembro de 1996, que estabelece as diretrizes e bases da educação nacional, para incluir no currículo oficial da rede de ensino a obrigatoriedade da temática "História e Cultura Afro-Brasileira", e dá outras providências. Diário Oficial, Brasília, Seção 1, p. 1, 10 jan. 2003.

BRASIL. **Lei nº 9.394, de 20 de dezembro de 1996**. Estabelece as diretrizes e bases da educação nacional. Diário Oficial [da] República Federativa do Brasil, Brasília, DF, Seção 1, p. 27833, 23 dez. 1996.

DEMOCRACIA. Dicionário Online de Português. Disponível em: <https://www.dicio.com.br/democracia/>. Acesso em: 10 dez. 2024.

FREIRE, P. **Pedagogia do oprimido**. 17. ed. Rio de Janeiro: Paz e Terra, 1987.

GOMES, N. L. **O movimento negro educador**: saberes construídos nas lutas por emancipação. Petrópolis: Vozes, 2017.

GONZALEZ, L. A categoria político-cultural da Amefricanidade. *In*: HOLLANDA, H. B. (Org.). **Pensamento Feminista**: conceitos fundamentais. Rio de Janeiro: Bazar do Tempo, 2019.

GONZALEZ, L. Racismo e sexismo na cultura brasileira. **Revista Ciências Sociais Hoje**, Anpocs, p. 223-244, 1984. Disponível em: https://ria.ufrn.br/jspui/handle/123456789/2298. Acesso em: 29 de jan. 2024.

MOVIMENTO NEGRO UNIFICADO. Carta de Princípios. [s.l: s.n.]. Disponível em: <https://mnu.org.br/wp-content/uploads/2020/07/CARTA- -DE-PRINC%C3%8DPIO-MNU-1.pdf>. Acesso em: 10 dez. 2024.

PEREIRA, A. A. A Lei nº 10.639/03 e o movimento negro: aspectos da luta pela "reavaliação do papel do negro na história do Brasil", **Cadernos de História**, v. 12, n. 17, p. 25-45, 17 out. 2011.

PEREIRA, A. A. **O mundo negro.** Relações Raciais e a constituição do movimento negro contemporâneo no Brasil. Rio de Janeiro: Pallas/Faperj, 2013.

PINHEIRO, B. C. S. **Como ser um educador antirracista**. São Paulo: Planeta do Brasil, 2023.

SOUZA, R. F. de. **Templos de civilização:** a implantação da escola primária graduada no Estado de São Paulo (1890-1910). São Paulo: Editora Unesp, 1998.

Capítulo 2

O CURRÍCULO ESCOLAR E AS SUAS RELAÇÕES COM A CULTURA, A MONOCULTURA E O MULTICULTURALISMO NO BRASIL

Luiza Coelho de Souza Rolla

Para dar início às nossas reflexões, traremos Sacristán (2000, p. 21), autor de diversas publicações sobre cultura, ensino e educação, que estuda profundamente o que significa currículo e o que ele representa no contexto escolar.

> O currículo modela-se dentro de um sistema escolar concreto, dirige-se a determinados professores e alunos, serve-se de determinados meios, cristaliza, enfim, num contexto, que é o que acaba por lhe dar o significado real. Daí a única teoria possível que possa dar conta desses processos tenha de ser do tipo crítico, pondo em evidência as realidades que o condicionam.

Posteriormente, em 2013, o mesmo autor aponta que o currículo precisa ser uma prática onde prevaleça o diálogo, reforçando o contexto e os processos críticos a partir da realidade, conforme citado anteriormente, mas, na realidade, na grande maioria das instituições de ensino, ele não passa de um documento usado como um manual a ser seguido, desprezando toda a vida que ele deveria representar.

De acordo com a Lei de Diretrizes e Bases da Educação Nacional, Lei nº 9394/96:

> Art. 26. Os currículos da educação infantil, do ensino fundamental e do ensino médio devem ter base nacional comum, a ser complementada, em cada sistema de ensino e em cada estabelecimento escolar, por uma parte diversificada, exigida pelas características regionais e locais da sociedade, da cultura, da economia e dos educandos (Brasil, 2023).

A legislação prevê a flexibilidade do currículo a partir do momento que reconhece as características próprias relativas a cada região, cultura, economia, o que indica que o currículo deve "dialogar" com o contexto no qual está inserida a escola, e não se resumir a uma lista de conteúdos que deve ser seguida em cada nível de ensino.

Moreira (2007, p. 17) traz uma definição de currículo que se refere à sua abrangência.

> Diferentes fatores socioeconômicos, políticos e culturais contribuem, assim, para que currículo venha a ser entendido como:

(a) os conteúdos a serem ensinados e aprendidos;

(b) as experiências de aprendizagem escolares a serem vividas pelos alunos;

(c) os planos pedagógicos elaborados por professores, escolas e sistemas educacionais;

(d) os objetivos a serem alcançados por meio do processo de ensino;

(e) os processos de avaliação que terminam por influir nos conteúdos e nos procedimentos selecionados nos diferentes graus da escolarização.

Os autores trazidos até agora colocam o currículo como algo que engloba tudo o que acontece na escola, pois traz concepções de mundo, de sociedade e de escola implícitas nas teorias que os embasam. Portanto, o currículo escolar não se trata apenas de uma definição teórica, ou uma questão burocrática, muito menos de uma receita ou manual a ser seguido, ele constitui-se como base do trabalho pedagógico realizado todos os dias nas escolas.

Não podemos considerar, portanto, nenhuma concepção de currículo como certa ou errada, visto que elas refletem vários posicionamentos, pontos de vista, discussões sobre o que deve ser aprendido na escola, procedimentos a serem adotados, que relações sociais estão imbricadas nos agentes de cada região, sociedade, cultura, o que se espera transformar, que cidadãos pretende-se formar. Questões relativas à identidade, ao conhecimento, ao poder e à verdade atravessam as discussões sobre currículo, configurando toda a intencionalidade existente por trás dele.

2.1 Os conceitos de cultura, monocultura e multiculturalismo relacionados à educação

Uma determinada cultura traz consigo as expressões de um povo, seus valores, ideologias, arte, religião, códigos morais, educação, entre outros aspectos, o que a torna dinâmica e diferente de outra cultura. De acordo com Silva (2006),

> a cultura perpassa todas as ações do cotidiano escolar, seja na influência sobre os seus ritos ou sobre a sua linguagem, seja na determinação das suas formas de organização e de gestão, seja na constituição dos sistemas curriculares.

Nesse sentido, é impossível desvincular currículo de cultura, visto que ela permeia toda a existência de uma sociedade e é atravessada pelas crenças, valores, moral e ética vivenciados por esse grupo. Silva (2006) considera que

> [...] a escola é uma instituição da sociedade, que possui suas próprias formas de ação e de razão, construídas no decorrer da sua história, tomando por base os confrontos e conflitos oriundos do choque entre as determinações externas a ela e as suas tradições, as quais se refletem na sua organização e gestão, nas suas práticas mais elementares e cotidianas, nas salas de aula e nos pátios e corredores, em todo e qualquer tempo, segmentado, fracionado ou não.

A cultura na escola é o resultado do contexto em que ela está inserida, mas, enquanto instituição, ela preserva sua própria cultura organizacional.

O termo "monocultura" nos remete à agricultura e refere-se ao cultivo de apenas um tipo de plantação. Em termos educacionais, o sentido é similar, e, segundo Candau (2011a), quando existe uma política de universalização da escolarização,

> todos e todas são chamados a participar do sistema escolar, mas sem que se coloque em questão o caráter monocultural presente na sua dinâmica, tanto no que se refere aos conteúdos do currículo quanto às relações entre os diferentes atores, às estratégias utilizadas nas salas de aula, aos valores privilegiados etc.

A monocultura no currículo preconiza uma única cultura, a cultura dominante, o que fere a diversidade existente nos grupos sociais, seja dentro de um país, de um estado ou até mesmo de um município em detrimento do respeito às diferenças culturais existentes em todos os espaços. A monocultura no currículo escolar inviabiliza o desenvolvimento integral dos estudantes e limita suas aprendizagens ao que é imposto pelo sistema. Além da busca de homogeneidade nas aprendizagens, ele impõe as premissas de um currículo linear e hierarquizado.

Avançando para o conceito de multiculturalismo, trazemos a definição encontrada no dicionário **Michaelis online** (2024):

> 1 Prática de favorecer a coexistência de culturas distintas, numa única sociedade, sem preconceito ou discriminação.
> 2 Movimento que tem como objetivo a valorização nos meios formativos, como a escola, das características culturais de diferentes grupos étnicos de uma sociedade.

Teoricamente as questões culturais deveriam atravessar a construção e a composição do currículo escolar, principalmente se remontarmos à história da ocupação e colonização do Brasil. Desde a chegada dos portugueses em 1500 nosso país se desenvolveu a partir de uma construção social entre os indígenas, que são os povos originários, os portugueses vindos da Europa e os negros sequestrados em diversos territórios africanos e aqui escravizados

Esse panorama inicial por si só dá ao Brasil uma identidade cultural formada a partir de diversas culturas, o que se fortaleceu com o passar do tempo devido à grande quantidade de imigrantes que vieram, instalaram-se e contribuíram com a construção de nossa nação, como os italianos, os espanhóis, os japoneses, os sírio-libaneses, os árabes, os holandeses, entre inúmeros outros.

No entanto, essa pluralidade cultural, linguística, religiosa, filosófica, epistemológica, composta pelos primeiros e por todos os outros imigrantes que chegaram posteriormente, é, muitas vezes, celebrada folcloricamente focando apenas na mistura dessas etnias. Porém, o que se percebe, nas relações entre a sociedade e as instituições, é que a miscigenação não é valorizada, ficando seu lado positivo somente no nível discursivo, derrubando a ideia de que a pluralidade é respeitada e celebrada.

Na verdade, vamos percebendo traços da monocultura nas escolas, nos órgãos governamentais enraizando-se, inclusive, no pensamento individual e coletivo. A ideia é educar para reduzir as diferenças e não para valorizá-las.

O multiculturalismo deveria envolver a convivência entre diferentes culturas com diferentes expressões, mas muitas são as contradições que surgem dessas relações, segundo Moreira e Candau (2007):

> Quando um grupo compartilha uma cultura, compartilha um conjunto de significados, construídos, ensinados e aprendidos nas práticas de utilização da linguagem. A palavra cultura implica, portanto, o conjunto de práticas por meio das quais significados são produzidos e compartilhados em um grupo.

A escola, enquanto instituição formadora de cidadãos e cidadãs e que deve garantir o acesso universal à educação a todas as crianças em idade escolar, não pode se furtar a observar o supracitado artigo 26 da Lei nº 9.394/96, que garante uma parte diversificada no currículo escolar visando o respeito e a valorização das "características regionais e locais da sociedade, da cultura, da economia e dos educandos" (Brasil, 2023).

Na visão de Santos (2003), a expressão multiculturalismo

> designa, originariamente, a coexistência de formas culturais ou de grupos caracterizados por culturas diferentes no seio das sociedades modernas. Rapidamente, o termo se tornou um modo de descrever as diferenças culturais em um contexto transnacional e global. Existem diferentes noções de multiculturalismo, nem todas no sentido "emancipatório". O termo apresenta as mesmas dificuldades e potencialidades do conceito de "cultura", um conceito central das humanidades e das ciências sociais e que, nas últimas décadas, se tornou terreno explícito de lutas políticas.

O termo multiculturalismo possui diversos sentidos e concepções, de acordo com a visão de sociedade e os interesses que cada grupo apresenta. E, pensando no multiculturalismo presente no Brasil, existem lutas emancipatórias que buscam uma sociedade mais inclusiva, reduzindo a visão eurocêntrica e as diferenças, trazendo à tona concepções alternativas que proporcionem dignidade a todos.

Boaventura de Souza Santos (2003, p. 25) afirma que

> multiculturalismo, justiça multicultural, direitos coletivos, cidadanias plurais, são hoje alguns dos termos que procuram jogar com as tensões entre a diferença e a igualdade,

entre a exigência de reconhecimento da diferença de redistribuição que permita a realização da igualdade.

O multiculturalismo, independente da concepção nele presente, abarca a presença de diversas culturas, o que se opõe à monocultura. No mundo globalizado em que vivemos grande parte das sociedades são compostas por pessoas de várias etnias, configurando, assim, o multiculturalismo.

Uma determinada cultura traz consigo as expressões de um povo, seus valores, ideologias, arte, religião, códigos morais, educação, entre outros aspectos. Sendo assim, o multiculturalismo envolve a convivência entre diferentes culturas com diferentes expressões. Muitas são as contradições que surgem dessas relações, pois é preciso respeitar as diferenças mantendo a igualdade.

Boaventura de Souza Santos é cirúrgico ao afirmar que "As pessoas e os grupos sociais têm o direito a serem iguais quando a diferença os inferioriza, e o direito a serem diferentes quando a igualdade os descaracteriza" (2003, p. 56).

2.2 A monocultura no currículo escolar

A lógica criada em virtude da colonização dos ocidentais pelo mundo afora criou um abismo entre colonizadores e colonizados, colocando os primeiros como detentores da verdade e da sabedoria absoluta e os outros como sub-humanos. Meneses e Santos (2010, p. 30-31) alertam para as consequências criadas pela superioridade em que determinadas culturas se colocam, gerando uma realidade em que

> [...] formas de negação radical produzem uma ausência radical, a ausência de humanidade, a sub-humanidade moderna. Assim, a exclusão torna-se simultaneamente radical e inexistente, uma vez que seres sub-humanos não são considerados sequer candidatos à inclusão social. A humanidade moderna não se concebe sem uma sub-humanidade moderna. A negação de uma parte da humanidade é sacrificial, na medida em que constitui a condição para a outra parte da humanidade se afirmar enquanto universal.

É preciso compreender que esse abismo não afeta apenas as estruturas econômicas e as relações entre dominadores e dominados no campo das relações de trabalho, mas em todos os aspectos, sejam culturais, educacionais, sociais, religiosas, estabelecendo uma hierarquia que empodera ainda mais os poderosos e submete cada vez mais os oprimidos, fortalecendo a lógica da sub-humanidade que está inculcada desde os tempos da colonização em todos os cantos do mundo. A sub-humanidade, na visão dos colonizadores, é condição para a existência da humanidade.

Quando o currículo monocultural é imposto, ele fortalece a lógica de que existe apenas uma cultura aceita, correta e verdadeira, impossibilitando que outras culturas reconheçam-se como importantes, valorosas, potentes.

A escola firmada nas bases do monoculturalismo não reconhece outras culturas, outros costumes, por mais que eles coexistam socialmente. Um é invisibilizado em detrimento do poder do outro, destacando-se apenas aspectos folclóricos de algumas culturas, hierarquizando-as.

Sendo assim, a cultura hierarquizada, tida como superior, dissemina uma visão classista, sexista, capacitista, racista, xenofóbica, fortalecendo o preconceito e a aceitação de um padrão por ela estabelecido. Percebemos, portanto, que muitos aspectos são colocados em xeque, reafirmando o etnocentrismo enraizado nas civilizações europeias.

2.3 O multiculturalismo no currículo escolar

Com o início das Grandes Navegações, no final do século XV e início do século XVI, iniciou-se o processo de expansão colonial marítima, abrindo a humanidade para a chamada globalização, cujo conceito concretizou-se em 1980.

De acordo com o dicionário **Michaelis online** (2024), o conceito de globalização abarca diversos aspectos, dos quais traremos o econômico e o sociológico:

> 2 ECON Integração entre os mercados produtores e consumidores de diversos países graças ao desenvolvimento e barateamento dos custos de transporte, aos importantes avanços tecnológicos dos meios de comunicação, que reduziram significantemente o tempo e a distância (rede de computadores, satélites etc.), e ao surgimento e à ação de empresas multinacionais, integrando as economias e tornando o mundo um mercado único imenso.
>
> [...]
>
> 4 COMUN, SOCIOL Processo pelo qual a arte, a cultura, a música, o comportamento, o vestuário dos indivíduos de um país sofrem e assimilam as influências de outros, devido ao desenvolvimento dos meios de comunicação de massa, tornando o mundo unificado em uma grande "aldeia global", termo criado pelo escritor canadense Marshall McLuhan (1911-1980) nos anos 1960.

Nessa perspectiva, remetendo nossa reflexão ao contexto educativo, percebemos que a escola precisa constituir-se como um território multicultural, isto é, deve possibilitar que toda a diversidade dos costumes dos sujeitos sociais coexista. A sociedade é constituída de identidades plurais, como gênero, classe social, habilidades, padrões culturais e linguísticos, entre outros. O conceito de multiculturalismo trabalhado nas escolas, deve ir muito além de uma visão fixa sobre cultura. Muitas escolas têm uma visão fragmentada de cultura e entendem como preservação da cultura a valorização da cultura folclórica ou como algo exótico.

Essas imposições afetam os indivíduos invisibilizados não apenas em relação à sua humanidade; o silenciamento de suas culturas, saberes, crenças, valores rouba-lhes a sensação de pertencimento que interfere, em grande parte dos casos, na aprendizagem desses alunos. Sub-humanizadas e desvalorizadas, pessoas de culturas diferentes das consideradas dominantes, sofrem com ações que comprometem sua autoestima e autoconfiança.

É nítido, sob essa visão, que as relações de poder têm norteado a construção dos currículos na educação. Mais que isso, as relações de poder têm definido, implicitamente, quais conhecimentos são curriculares e quais não são, quais culturas são dominantes e aceitas naturalmente, e quais devem ser secundarizadas e silenciadas. E quando falamos nesse contexto multicultural, precisamos incluir também os outros sujeitos pertencentes à comunidade escolar – professores, técnicos, funcionários, cozinheiros, monitores, higienizadores –, pois, por fazerem parte desse universo, suas culturas também estão implicadas nas relações de ensino e aprendizagem. Esses fatos são reafirmados por Silva (1995), conforme o que segue:

> As narrativas contidas no currículo, explícita ou implicitamente, corporificam noções particulares sobre conhecimento, sobre formas de organização da sociedade, sobre os diferentes grupos sociais. Elas dizem qual conhecimento é

> legítimo e qual é ilegítimo, quais formas de conhecer são válidas e quais não o são, o que é certo e o que é errado, o que é moral e o que é imoral, o que é bom e o que é mau, o que é belo e o que é feio, quais vozes são autorizadas e quais não o são. As narrativas contidas no currículo trazem embutidas noções sobre quais grupos sociais podem representar a si e aos outros e quais grupos sociais podem apenas ser representados ou até mesmo ser totalmente excluídos de qualquer representação.

As constatações de Silva expõem os prejuízos e a falta de riqueza nos currículos que não respeitam a multiculturalidade natural da nossa sociedade.

> A nossa formação histórica está marcada pela eliminação física do "outro" ou por sua escravização, formas violentas de negação de sua alteridade. Os processos de negação do "outro" também se dão no plano das representações e no imaginário social. Neste sentido, o debate multicultural na América Latina nos coloca diante desses sujeitos históricos que foram massacrados, que souberam resistir e continuam hoje afirmando fortemente suas identidades na nossa sociedade, mas numa situação de relações assimétricas, de subordinação e acentuada exclusão (Candau, 2005).

A dificuldade e a resistência em implementar um currículo multicultural reside exatamente nas relações de poder, visto que esse currículo colocaria em pé de igualdade culturas vistas como inferiores frente às ditas dominantes.

Cabe destacar que o acesso e a permanência no sistema educacional pretendem garantir o ingresso e a conclusão da Educação Básica às crianças brasileiras, porém, mesmo que haja essa intenção, o currículo hegemônico praticado não garante a igualdade social. Igualdade de acesso e igualdade social são aspectos antagônicos enquanto prevalecer a lógica monocultural nos currículos escolares. Reconhecer o multiculturalismo não significa garantir uma lógica intercultural enquanto não forem repensadas as diretrizes da educação e a composição de um currículo que garanta o respeito a essas interfaces culturais.

2.4 Os desafios de um currículo multicultural na prática

Perucci (1999, p. 7) desacomoda o pensamento hegemônico quando questiona:

> Somos todos iguais ou somos todos diferentes? Queremos ser iguais ou queremos ser diferentes? Houve um tempo que a resposta se abrigava segura de si no primeiro termo da disjuntiva. Já faz um quarto de século, porém, que a resposta se deslocou. A começar da segunda metade dos anos 1970, passamos a nos ver envoltos numa atmosfera cultural e ideológica inteiramente nova, na qual parece generalizar-se, em ritmo acelerado e perturbador, a consciência de que nós, os humanos, somos diferentes de fato [...], mas somos também diferentes de direito. É o chamado "direito da diferença", o direito à diferença cultural, o direito de ser, sendo diferente. The right to be different!!!, como se diz em inglês, o direito à diferença. Não queremos mais a igualdade, parece. Ou a queremos menos, motiva-nos muito mais, em nossa conduta, em nossas expectativas de futuro e projetos

de vida compartilhada, o direito de sermos pessoal e coletivamente diferentes uns dos outros.

A essa altura, é pertinente mencionar novamente Santos, ao afirmar que: "As pessoas e os grupos sociais têm o direito de serem iguais quando a diferença os inferioriza, e o direito de serem diferentes quando a igualdade os descaracteriza" (Santos, 2003, p. 56).

São muitas constatações importantes que clamam por ações efetivas no sentido de respeitar o multiculturalismo exercendo uma prática intercultural que garanta o direito às culturas diversas a partir do seu reconhecimento e de sua valorização.

E a quem cabe reconhecer e valorizar as diferentes culturas? Basta haver uma mudança na legislação, impondo que isso se faça? A Lei n° 9.394/96 prevê o reconhecimento e o respeito às diferentes culturas, apontando que elas devem ser abordadas na prática, mas é isso que vemos acontecer nas escolas brasileiras?

Candau (2011b, p. 253), aponta que

> [...] a dimensão cultural é intrínseca aos processos pedagógicos, "está no chão da escola" e potencializa processos de aprendizagem mais significativos e produtivos, na medida em que reconhece e valoriza a cada um dos sujeitos neles implicados, combate todas as formas de silenciamento, invisibilização e/ou inferiorização de determinados sujeitos socioculturais, favorecendo a construção de identidades culturais abertas e de sujeitos de direito, assim como a valorização do outro, do diferente, e o diálogo intercultural.

Precisamos ter cautela ao apontar responsáveis pela mudança da lógica curricular atual, pois não é muito difícil colocar essa responsabilidade exclusivamente sobre os ombros dos professores. Porém, essa mudança abarca uma gama muito maior de profissionais, entre eles os gestores e os professores, visto que engloba os diferentes âmbitos em que o processo educativo se desenvolve, pois "[...] a educação intercultural não pode ser reduzida a algumas situações e/ou atividades realizadas em momentos específicos, nem focalizar sua atenção exclusivamente em determinados grupos sociais" (Candau, 2009, p. 170). É algo maior, mais abrangente e profundo, que precisa de muitas mãos para efetivamente acontecer.

A herança deixada para a escola pública remonta ao século XIX, e esse legado tinha por objetivo criar um único povo, uma única nação, com indivíduos considerados iguais perante a lei, no entanto, não considerava suas diferenças socioculturais pelos interesses em manter as relações de poder existentes.

Hoje essa lógica ainda permanece em muitas escolas, e o desafio maior é o de trabalhar com discussões e reflexões que apontem o multiculturalismo como enriquecimento do currículo e possibilidade de ascensão, tanto intelectual quanto subjetiva, fortalecendo a autoestima e a autoconfiança, potencializando as aprendizagens dos estudantes a partir de sua valorização enquanto indivíduo.

Para começarmos a conquistar espaços na lógica do multiculturalismo, é preciso incluir vários níveis de profissionais na discussão e instrumentalização teórica acerca do assunto, bem como promover debates e discussões que apontem os ganhos que obteremos com essa mudança de paradigma, enquanto sociedade, a partir de um currículo intercultural. Para isso é necessário envolver as universidades e seus catedráticos da educação, responsáveis pela formação de todos os professores atuantes em nossas escolas, pensar em nível macro (regiões, estados, municípios) e micro (bairros, escolas), comprometendo os gestores e professores, responsáveis pela prática curricular *in loco*.

Para Candau (2002, p. 53), "a cultura escolar predominante nas nossas escolas se revela como 'engessada', pouco permeável ao contexto em que se insere, aos universos culturais das crianças e jovens a que se dirige e a multi-culturalidade das nossas sociedades". E é justamente aí que se concentram os maiores desafios da educação na atualidade, na quebra dos paradigmas hege-mônicos e na construção de um paradigma que busca a diversidade real, em sua essência, como forma de enriquecer e tornar o currículo mais próximo à realidade social existente em nosso país e no mundo.

Referências

BRASIL. **Lei de Diretrizes e Bases da Educação Nacional**. 7. ed. atuali-zada até agosto de 2023. Brasília, 2023.

CANDAU, V. M. **Currículo sem fronteiras**, v. 11, n. 2, p. 240-255, jul./ dez. 2011a.

CANDAU, V. M. Diferenças culturais, cotidiano escolar e práticas peda-gógicas. **Currículo sem Fronteiras**, v. 11, n. 2, p. 240-255, 2011b.

CANDAU, V. M. Direitos humanos, educação e interculturalidade: as tensões entre igualdade e diferença. *In*: CANDAU, V. M. (Org.). **Educa-ção intercultural na América Latina**: entre concepções, tensões e propos-tas. Rio de janeiro: 7 Letras, 2009. p. 154-173.

CANDAU, V. M. Sociedade multicultural e educação: tensões e desafios. *In*: CANDAU, V. M. (Org.). **Cultura(s) e educação**: entre o crítico e o pós-crítico. Rio de Janeiro: DP&A, 2005. p. 13-37.

CANDAU, V. M. **Sociedade, educação e cultura**. Petrópolis: Vozes, 2002.

GLOBALIZAÇÃO. *In*: MICHAELIS, Dicionário Brasileiro da Língua Por-tuguesa. Disponível em: https://michaelis.uol.com.br/busca?r=0&f=0&-t=0&palavra=globaliza%C3%A7%C3%A3o. Acesso em: 08 dez. 2024.

MENESES, M. P.; SANTOS, B. de S. **Epistemologias do sul**. 2. ed. Coimbra: Almedina, 2010. Série Conhecimento e Instituições.

MOREIRA, A. F. B.; CANDAU, V. M. **Indagações sobre currículo**. Currículo, conhecimento e cultura. Organização do documento: Jeanete Beauchamp, Sandra Denise Pagel, Aricélia Ribeiro do Nascimento. Brasília: MEC/SEB, 2007. Disponível em: http://portal.mec.gov.br/seb/arquivos/pdf/Ensfund/indag3.pdf. Acesso em: 10 fev. 2024.

MULTICULTURALISMO. *In*: MICHAELIS, Dicionário Brasileiro da Língua Portuguesa. Disponível em: https://michaelis.uol.com.br/busca?r=0&f=0&t=0&palavra=MULTICULTURALISMO. Acesso em: 08 dez. 2024.

PERUCCI, A. F. **Ciladas da diferença**. São Paulo: Editora 34, 1999.

SACRISTÁN, J. G. **O currículo:** uma reflexão sobre a prática. Porto Alegre: Art Med, 2000.

SACRISTÁN, J. G. O que significa o currículo?. *In*: SACRISTÁN, J. G. (Org.). **Saberes e incertezas sobre o currículo**. Porto Alegre: Penso, 2013. p. 16-35.

SANTOS, B. de S. **Reconhecer para libertar, os caminhos do cosmopolitismo multicultural**. Rio de Janeiro: Civilização Brasileira, 2003. v. 3 – Reinventar a emancipação social: para novos manifestos.

SILVA, F. de C. T. Cultura escolar: quadro conceitual e possibilidades de pesquisa. **Educar em Revista**, (28), 201-216, 2006.

SILVA, T. T. Currículo e identidade social: territórios contestados. SILVA, T. T. (Org.). **Alienígenas na sala de aula:** uma introdução aos estudos culturais em educação. Petrópolis: Vozes, 1995. p. 190-207.

Capítulo 3

RACISMO, PRECONCEITO E DISCRIMINAÇÃO: DESAFIOS E PERSPECTIVAS NA EDUCAÇÃO ANTIRRACISTA

Neiva Viera Trevisan
Adriana Moreira da Rocha Veiga
Felipe Costa da Silva

3.1 Primeiras reflexões e entrelaçamentos

Refletir sobre as relações étnico-raciais na educação é mergulhar em um tema desafiador e instigante. A complexidade da educação vai além de simples interpretações e exige que compreendamos as diferentes realidades que moldam nossas visões de mundo. Diante disso, surge a necessidade de entender como a educação aborda questões fundamentais para o convívio social, como racismo, preconceito e discriminação.

No contexto brasileiro, a igualdade no acesso à educação é um objetivo fundamental, porém os dados revelam disparidades preocupantes. Enquanto a população negra representa a maioria, sua presença nas instituições de ensino superior diminuiu recentemente. Na Educação Básica, ainda persistem lacunas, especialmente na conclusão do Ensino Fundamental e no enfrentamento da distorção idade-série.

No que se refere à Educação Superior, na realidade de 2018, a Pesquisa Nacional por Amostra de Domicílios, coordenada pelo IBGE – Instituto Brasileiro de Geografia e Estatística (PNAD) já demonstra que a proporção das pessoas pretas ou pardas (que compõem a população negra), cursando o ensino superior em instituições públicas brasileiras, chegou a 50,3%. Porém, no ano seguinte, esse percentual caiu para 38,15%. Em 2022, o IBGE divulgou que o número da população preta e parda cresceu no Brasil e atingiu 56,1%. Apesar de ser maioria, ocupa apenas 48,3% das vagas universitárias, públicas e privadas.

Já na Educação Básica, os dados do Censo Escolar de 2022 mostram um grande percentual de estudantes pretos e pardos na EJA (Educação de Jovens e Adultos), levantando que 77,5% dos matriculados no Ensino Fundamental são estudantes negros e 20,2% são brancos. Ainda persiste uma lacuna na conclusão do Ensino Fundamental, mantendo uma distorção "idade-série". Os dados do Ensino Médio (78,5%), a exemplo do Fundamental, entre 2012 e 2019, demonstram leve queda da discrepância entre negros e brancos ao longo do tempo, porém a diferença ainda permanece, persistindo a desigualdade.

A sociedade brasileira é marcada por desigualdades estruturais que perpetuam o racismo e alimentam o preconceito e a discriminação. A educação, embora seja um instrumento de transformação, muitas vezes reproduz práticas conservadoras e racistas, contribuindo para a manutenção dessas desigualdades.

Diante desse cenário, políticas e leis foram estabelecidas para promover uma educação antirracista. Destacam-se as Leis n°s 10.639/03, que exige a abordagem de História e Cultura Afro-Brasileira no currículo escolar, e 11.645/08, que amplia o reconhecimento das culturas africanas, afro-brasileiras e indígenas. Essas leis representam importantes passos no combate ao racismo estrutural no sistema educacional brasileiro.

Na contemporaneidade do Brasil, a diversidade não é apenas reconhecida, mas também defendida por lei como um princípio fundamental a ser respeitado e promovido tanto nas políticas públicas quanto nas instituições de ensino e pelos educadores. Essa abordagem legal implica uma necessidade discursiva de reavaliar o sistema educacional a partir da valorização das múltiplas singularidades étnico-raciais, abrangendo "as diversas formas de existir, pertencer, atribuir significado e contribuir para o mundo, bem como as distintas maneiras pelas quais as pessoas expressam sua humanidade" (Nascimento, 2018, p. 6).

No entanto, quase duas décadas após a promulgação dessas leis, quais são os desafios que ainda persistem para efetivar uma educação antirracista em todas as suas dimensões? Como podemos transformar os espaços escolares e acadêmicos em locais de conscientização e promoção da igualdade racial, desde a formação inicial e continuada dos professores até as relações étnico-culturais-raciais na escola e na sociedade?

Essas são algumas das questões que permeiam o debate sobre a educação antirracista, destacando a importância de um compromisso coletivo em construir uma sociedade mais justa e igualitária. Ao enfrentarmos esses desafios, estamos não apenas transformando a educação, mas também contribuindo para a construção de um futuro mais inclusivo e diversificado para todos.

3.2 Desvelando o Racismo Estrutural

O ex-ministro dos Direitos Humanos e Cidadania do governo brasileiro, Sílvio Almeida, figura de destaque como advogado, filósofo, escritor, pesquisador e ativista em favor dos direitos humanos, também é reconhecido como fundador e presidente do Instituto Luiz Gama. Esta organização, dedicada à promoção da igualdade racial e à luta contra o racismo estrutural, reflete o compromisso de Almeida com a transformação social e a justiça.

Em sua obra **Racismo Estrutural** (2019), Almeida lança luz sobre a complexa teia de relações que perpetuam o racismo no Brasil. Ele argumenta que o racismo não é apenas um fenômeno individual ou uma anomalia institucional, mas sim uma característica intrínseca à estrutura social brasileira, enraizada em pressupostos coloniais. Significa, pois, que o racismo é

> [...] uma decorrência da própria estrutura social, ou seja, do modo "normal" com que se constituem as relações políticas, econômicas, jurídicas e até familiares, não sendo uma patologia social e nem um desarranjo institucional. O racismo é estrutural. Comportamentos individuais e processos institucionais são derivados de uma sociedade cujo racismo é regra e não exceção. O racismo é parte de um processo social que ocorre "pelas costas dos indivíduos e lhes parece legado pela tradição". Nesse caso, além de medidas que coíbam o racismo individual e institucionalmente, torna-se imperativo refletir sobre mudanças profundas nas relações sociais, políticas e econômicas (Almeida, 2019, p. 50).

A ideia de que o racismo é uma consequência da própria estrutura social implica que ele está presente em todas as esferas da vida, desde as relações políticas e econômicas até as dinâmicas familiares. Essa compreensão ampla e holística do racismo como uma força estrutural sugere que medidas superficiais para combater o racismo individual ou institucional não serão suficientes para superá-lo completamente.

Ao reconhecer que o racismo é parte de um processo social enraizado na tradição e na história do país, Almeida aponta para a necessidade de mudanças profundas e sistêmicas nas relações sociais, políticas e econômicas. Isso implica não apenas políticas de combate ao racismo, mas também em uma reavaliação das estruturas e práticas que perpetuam a desigualdade racial. Portanto, para Almeida, o racismo está entrelaçado nas relações políticas, econômicas, jurídicas e sociais, sendo parte integrante do tecido que sustenta a sociedade.

Eurico (2020) complementa essa análise ao contextualizar as brutalidades do regime escravocrata, que não apenas desumanizou os negros escravizados, mas também buscou apagar sua identidade e pertencimento cultural. Ele analisa que são raros os estudos sobre a forma de violência, representada pelo racismo e a discriminação étnico-racial na infância – nomeada equivocadamente no rol do *bullying*, afastando-se do enredo específico da questão. "Racismo e *bullying* não são sinônimos, ainda que expressem, em medidas diferentes, a violência naturalizada nas relações sociais" (Eurico, 2020, p. 28). No entanto, o autor destaca a resiliência e a resistência desses sujeitos, que, apesar das adversidades, perseveraram na luta pelo reconhecimento de sua humanidade e dignidade.

Almeida (2019) e Eurico (2020) convergem ao enfatizar que o racismo estrutural tem impactos diretos nas famílias negras, limitando suas oportunidades de reprodução social e proteção de seus membros. A infância e a adolescência negras são especialmente vulneráveis, sofrendo as sequelas históricas da escravidão e sendo submetidas a formas contemporâneas de opressão e exclusão.

Por isso a importância da educação das relações étnico-raciais como uma ferramenta fundamental na luta contra o racismo e na promoção da igualdade. Por meio da implementação das leis e diretrizes que orientam o ensino sobre história e cultura afro-brasileira e africana, os espaços educacionais podem se tornar locais de transformação, rompendo com as assimetrias e a reprodução do racismo.

> [...] a atual perspectiva de educação das relações étnico-raciais, fruto das lutas contra o racismo e expressa na Lei de Diretrizes e Bases da Educação Nacional e nas Diretrizes Nacionais Curriculares para o ensino de história e cultura afro-brasileira e africana e para a educação das relações étnico-raciais, nos permite afirmar que no trabalho docente pode ser uma ação cultural para transformar esses lugares de educação, de espaços de assimetrias e reprodução do racismo, em espaços comuns, ou seja, espaços onde as singularidades, como tais, possam se expressar e se relacionar respeitosamente, e as pessoas possam ter acesso a conhecimentos sobre e compreender as culturas, os processos sociais-históricos e as condições político-econômicas que as constituíram, elaborar posicionamentos críticos ao racismo e ao biopoder que dele se utiliza, na perspectiva de virem a ser agentes de produções de formas dignas de relações sociais (Nascimento, 2018, p. 4-5).

O trabalho docente é essencial nesse processo de transformação, pois os professores têm o poder de criar ambientes educacionais onde as singularidades de cada indivíduo são respeitadas e valorizadas. Isso significa proporcionar oportunidades para que os estudantes possam expressar suas identidades de forma autêntica e interagir de maneira respeitosa uns com os outros.

Além disso, a educação das relações étnico-raciais não se limita apenas à transmissão de conhecimentos sobre história e cultura afro-brasileira e africana. Ela também envolve o desenvolvimento de habilidades críticas que permitam aos estudantes compreenderem as dinâmicas sociais e históricas que moldaram as realidades raciais no Brasil, e capacitá-los a elaborar posicionamentos críticos diante do racismo e das estruturas de poder que o sustentam.

No entanto, o Estado brasileiro, como apontado por Almeida (2020), desempenha um papel fundamental na perpetuação do racismo estrutural, por meio de políticas que subjugam e marginalizam as pessoas negras. A ausência de políticas de proteção e a presença de práticas discriminatórias alimentam a lógica do trabalho extenuante e disciplinado desde os tempos coloniais até os dias de hoje.

Em síntese, as obras de Almeida (2019), Almeida (2020), Eurico (2013; 2020) e Nascimento (2018) nos convidam a refletir sobre a urgência de enfrentar o racismo estrutural em todas as suas manifestações, reconhecendo sua influência na estrutura social e buscando formas de promover a igualdade e a justiça para todas as pessoas, independentemente de sua cor de pele. Nesse contexto, a educação das relações étnico-raciais tem o potencial de capacitar os indivíduos a se tornarem agentes de mudança e produção de formas mais dignas de relações sociais, contribuindo para a construção de uma sociedade mais justa e inclusiva para todos.

3.3 Algumas implicações do Racismo

O racismo não é apenas um fenômeno superficial; suas ramificações alcançam as profundezas da psique da pessoa discriminada, causando uma tendência ao abandono de si mesma e de suas raízes étnico-culturais e raciais.

Um exemplo eloquente disso é a relação das pessoas negras, especialmente mulheres, com seus cabelos, considerado um marcador de identidade. Essa relação muitas vezes resulta em uma baixa autoestima, pois o cabelo atua como um símbolo de identidade negra e resistência contra os padrões de beleza europeus que predominam na sociedade (Gomes, 2002; 2008). A escola, por sua vez, torna-se um cenário onde essas questões se manifestam de forma aguda, pois é um ambiente onde estéticas específicas para corpos negros são frequentemente depreciadas (Nascimento, 2018).

No cerne do racismo residem o preconceito e a discriminação social, perpetuando-se mesmo em uma sociedade que se autoproclama democrática. Eurico (2020) destaca que o racismo é uma ideologia que promove a superioridade de um grupo racial sobre outro, alimentando-se da estrutura de poder sobre os corpos e as vidas das pessoas, como observado por Nascimento (2018). Essa dinâmica é especialmente cruel porque o discriminado não pode mudar as características raciais que lhe foram atribuídas pela natureza, e a discriminação racial, embora relativamente recente em suas configurações atuais, causa danos profundos e duradouros (Salgado; Gonçalves, 2023).

A compreensão do racismo como um problema fundamental que afeta a humanidade como um todo é articulada de forma vívida por Frantz Fanon, na sua obra **Pele negra, máscaras brancas**:

> Todas as formas de exploração são idênticas, pois se aplicam ao mesmo "objeto": o homem. Ao querer considerar no plano da abstração a estrutura desta ou daquela exploração, se mascara o problema capital, fundamental, que é o de restituir o homem a seu devido lugar. O racismo colonial não se diferencia de outros racismos. O antissemitismo me toca em plena carne, eu me abalo, uma contestação aterrorizante me exaure, recusam-me a possibilidade de ser um homem. Não posso não me solidarizar com a sorte reservada

a meu irmão. Cada um dos meus atos implica o homem. Cada uma das minhas reticências, cada uma das minhas covardias manifesta o homem (Fanon, 2020, p. 77).

A citação de Frantz Fanon encapsula uma perspectiva profunda sobre a natureza da exploração e do racismo, destacando a universalidade da condição humana e a interconexão entre diferentes formas de opressão. Ao afirmar que: "Todas as formas de exploração são idênticas", Fanon (2020) reconhece que, independentemente do contexto ou justificativa, a exploração é sempre uma violação dos direitos humanos fundamentais.

Ele ressalta que a abstração ou relativização das formas de exploração mascara a questão essencial, que é a necessidade de restaurar a humanidade e a dignidade do indivíduo. Isso sugere que, ao confrontar o racismo e outras formas de discriminação, é fundamental reconhecer e enfrentar a opressão em sua totalidade, sem reduzi-la a categorias abstratas ou hierarquias de sofrimento.

A analogia que Fanon estabelece entre o racismo colonial e o antissemitismo é particularmente poderosa, pois destaca a experiência pessoal do autor e sua identificação com outras vítimas de discriminação. E expressa a profunda ressonância emocional e psicológica da opressão, destacando como a negação da humanidade de um indivíduo afeta não apenas a vítima, mas também aqueles que testemunham ou perpetuam essa negação.

Ao afirmar que cada ato e cada silêncio implica a humanidade, Fanon (2020) enfatiza a responsabilidade individual e coletiva de resistir à injustiça e defender os direitos humanos universais. Ele argumenta que todas as formas de exploração são semelhantes, pois desumanizam o indivíduo. Negando-lhe enfim a sua dignidade e essência humana. Nesse sentido, o racismo colonial não difere de outras formas de racismo, e a solidariedade é fundamental para a restauração da dignidade humana.

Portanto, a luta contra o racismo exige uma abordagem plural que reconheça suas raízes profundas na estrutura social, política e econômica, bem como suas ramificações psicológicas e emocionais. Somente por meio de uma análise abrangente e da ação coletiva podemos esperar combater eficazmente esse problema enraizado em nossa sociedade.

3.4 Explorando as raízes do preconceito e do racismo

O preconceito e o racismo são temas complexos que permeiam profundamente a sociedade brasileira, deixando marcas indeléveis nas vidas das pessoas negras em todas as esferas da existência. Comentando Lopes e Quintiliano (2007), Eurico (2013) vai afirmar que o racismo no Brasil é uma construção sócio-histórica que traz consigo a discriminação racial e o preconceito, gerando prejuízos que afetam a população negra em todas as fases da vida e em todas as camadas sociais. Essa construção é alimentada pela linguagem, tradição e cultura, moldando não apenas as relações interpessoais, mas também a organização das instituições.

Corroboramos com Alexandre Nascimento (2018, p. 1), ao afirmar que:

> Uma das características das relações sociais no Brasil são as desigualdades que se observam não apenas entre classes sociais, mas também entre os chamados grupos raciais, principalmente entre brancos e negros (pretos e pardos), que não são apenas desigualdades nos indicadores econômicos, como renda e educação, mas desigualdades de tratamento.

As desigualdades não se limitam apenas às diferenças econômicas entre as classes sociais, como também se estendem aos chamados grupos raciais, com ênfase nas disparidades entre brancos e negros (pretos e pardos). É importante observar que essas desigualdades não se restringem apenas a indicadores econômicos, como renda e educação, mas também abrangem o tratamento dispensado a esses grupos dentro da sociedade. Esse tratamento desigual é evidenciado em diversas esferas da vida, desde o acesso desigual a oportunidades educacionais e empregatícias até a discriminação e o preconceito enfrentados no dia a dia.

A complexidade das desigualdades raciais no Brasil, que não podem ser compreendidas apenas sob uma perspectiva econômica, exige uma análise mais ampla que leve em consideração as dimensões sociais, culturais e históricas do racismo e da discriminação racial. Essa compreensão é fundamental para desenvolver políticas eficazes que busquem promover a igualdade e a justiça social para todos os grupos étnico-raciais.

O preconceito, aliado ao racismo e à discriminação racial, tem um impacto direto e incisivo na vida cotidiana das pessoas negras, afetando até mesmo tarefas básicas, como simplesmente locomover-se pelos espaços públicos. Ao comentar o trabalho de Costa, Eurico (2020) expressa que a negação do preconceito e da discriminação étnico-racial muitas vezes é utilizada como uma forma de manter o *status quo*, relegando os intelectuais que buscam problematizar essa estrutura antidemocrática à marginalização.

Além disso, a transição da sociedade escravocrata para a sociedade de trabalho livre no Brasil não extinguiu os preconceitos e as discriminações enfrentadas pelos negros. Como observado por Silva e Tobias (2016), esses preconceitos continuaram a existir mesmo após a abolição da escravatura, mudando sua justificativa religiosa para uma base supostamente científica, evidenciando a persistência de narrativas discriminatórias enraizadas na sociedade brasileira.

Diante desse cenário, é fundamental questionar a existência do preconceito e do racismo e as estruturas sociais e culturais que os sustentam. Somente por meio do reconhecimento e da desconstrução dessas estruturas é que poderemos esperar criar uma sociedade verdadeiramente igualitária e justa para todas as pessoas, independentemente de sua origem étnico-racial.

3.5 Reflexões sobre a urgência de transformação social

É momento de refletirmos sobre as discussões que temos travado e sobre sua relevância diante do desafio que nos foi imposto, e que assumimos com o propósito de contribuir, ainda que minimamente, para um tema de extrema importância, mesmo em 2024. Questionamo-nos: não deveria ser óbvio que todas as pessoas, independentemente de cor, classe social, etnia, e outros aspectos, merecem ser respeitadas da mesma maneira? Não é alarmante que ainda tenhamos de lutar por princípios que deveriam ser fundamentais em nossa sociedade?

A persistência da discriminação racial no cotidiano da sociedade brasileira é um tema que merece atenção e reflexão. Como apontado por Silva e Tobias (2016), estudos realizados por Carlos Hasenbalg e Nelson do Valle Silva evidenciam que a discriminação racial não desapareceu com o fim da escravidão. Pelo contrário, ela continua a ser uma força poderosa que direciona recursos e posições sociais mais valorizadas principalmente para os brancos, prejudicando assim a mobilidade social dos negros e mantendo-os, em grande parte, nas camadas mais baixas da sociedade.

Essa constatação é alarmante e revela a urgência de medidas eficazes para combater tal realidade persistente. Felizmente, como destacado por Silva e Tobias (2016), houve avanços significativos nas últimas décadas. A emergência de diversos Conselhos de Desenvolvimento e Participação da Comunidade Negra, junto ao reconhecimento oficial pelo governo federal da existência da discriminação racial e do racismo, representa passos importantes na direção certa.

Além disso, a implantação do Grupo de Trabalho Interministerial (GTI), com a função específica de estimular e formular políticas de valorização da população negra, demonstra um compromisso institucional em lidar com as questões raciais de forma mais abrangente e efetiva. Como observado por Silva e Tobias (2016), essas iniciativas resultaram em uma mudança significativa de postura em todos os segmentos da sociedade brasileira em relação ao tratamento das questões da população negra no país.

É importante reconhecer esses avanços, mas também continuar a pressionar por mudanças adicionais e mais profundas. A luta contra a discriminação racial é contínua e requer o envolvimento de toda a sociedade, bem como políticas públicas que abordem as raízes estruturais desse problema. Somente assim podemos esperar construir uma sociedade verdadeiramente igualitária e justa para todos os seus membros, independentemente de sua origem étnico-racial.

Jean-Paul Sartre (1971, p. 229) nos confronta com a realidade das vozes negras liberadas do silêncio, que agora olham para nós, desafiando-nos a sentir a comoção de sermos vistos:

> O que esperavam quando tiraram a mordaça que calava estas bocas negras? Que elas lhes entoariam louvores? Estas cabeças que nossos pais haviam dobrado pela força até o chão, vocês pensavam que, quando se levantassem, teriam os olhos cheios de adoração? Ei-los em pé, homens que nos olham e faço votos para que vocês sintam como eu a comoção de ser visto. Pois o branco desfrutou durante três mil anos o privilégio de ver sem ser visto; era olhar puro, a luz de seus olhos

> extraía todas as coisas da sombra natal; a brancura de sua pele era também um olhar, era luz condensada. O homem branco, branco porque era homem, branco como o dia, como a verdade, branco como a virtude, iluminava a criação como uma tocha, sacava a luz a essência secreta e branca dos seres. Porém, hoje, esses homens pretos olham para nós e viram nosso olhar pelo avesso; tochas negras, por sua vez, iluminam o mundo e nossas cabeças brancas não passam de pequenos lampiões balançados pelo vento.

A citação de Sartre é poderosa em sua representação das dinâmicas de poder e visibilidade entre os brancos e negros na sociedade. Ele desafia a noção de que a libertação dos negros resultaria em adoração e louvores por parte dos brancos, mostrando que, em vez disso, os negros estão agora olhando de volta, com olhos que antes estavam velados.

Ao descrever os brancos como tendo desfrutado de três mil anos de privilégio de ver sem serem vistos, Sartre destaca a posição de poder e controle que historicamente foi atribuída aos brancos. Ele contrasta essa visão com a atualidade, onde os negros, agora livres para olhar de volta, desafiam esse domínio ao iluminar o mundo com "tochas negras".

Essa metáfora sugere uma inversão de poder e visibilidade, onde os negros agora têm o poder de iluminar e revelar a verdade que estava oculta. Ao fazê-lo, eles desafiam a supremacia branca e reivindicam sua própria humanidade e dignidade. É uma chamada à consciência e à reflexão sobre as relações de poder e a necessidade de reconhecer e respeitar a igualdade e a diversidade de todas as pessoas. A inversão do olhar, das tochas negras que iluminam o mundo, nos faz refletir sobre a complexidade das relações raciais e a necessidade de reconhecermos a humanidade de todos, independentemente da cor da pele.

Nesse contexto, as palavras de Pires, Queiroz e Nascimento (2022, p. 27-28) nos alertam para os perigos que enfrentamos ao navegar pelas águas da luta antirracista e da construção de um Brasil mais inclusivo.

> E, na circularidade espiralar que nos (re)fazemos, voltamos ao começo. A quando Fanon nos diz: "Cada geração, numa relativa opacidade, deve descobrir sua missão, cumpri-la ou traí-la". E é nessa opacidade que hoje o seu pensamento se mostra para nós como uma trilha na mata cerrada, repisada constantemente pelas estratégias de fuga e circulação dos que querem a destruição do mundo na colonialidade. Pensamento-farol. Não tanto por iluminar o caminho e torná-lo seguro, mas por sinalizar que, nessas águas por onde precisaremos navegar – na luta antirracista e na disputa por uma Brasil em que todas as formas de ser e estar no mundo e na natureza sejam vividas –, há perigos e, por isso, a necessidade de sinalizações, cautelas, estratégias, pensamentos ativos, atividades pensantes. Regiões de águas mansas, sem rochas ou ameaças, não demandam faróis.

A citação é um convite à reflexão em profundidade sobre a obra de Frantz Fanon e sua relevância para o contexto atual da luta antirracista. Ela destaca a ideia de que cada geração enfrenta desafios únicos e deve encontrar sua própria missão para superá-los. A referência à "relativa opacidade" sugere que nem sempre é claro qual é essa missão, mas é essencial descobri-la e agir de acordo com ela para evitar traições.

A metáfora da "trilha na mata cerrada" ilustra a complexidade e os obstáculos enfrentados na luta antirracista, com referência às estratégias de fuga e circulação dos que perpetuam a colonialidade. O pensamento de Fanon é comparado a um "pensamento-farol", que não ilumina o caminho de forma segura, mas sim sinaliza os perigos que devem ser enfrentados na busca por um Brasil onde todas as formas de existência sejam valorizadas.

Essa passagem ressalta a necessidade de vigilância constante, estratégias cuidadosas e pensamento crítico na luta contra o racismo e na construção de uma sociedade mais justa e inclusiva. Também destaca a importância de reconhecer que o caminho para a igualdade e a justiça não é fácil e requer perseverança, determinação e solidariedade. O pensamento-farol de Fanon nos indica que, embora o caminho possa ser desafiador, é essencial sinalizar os perigos e adotar estratégias para enfrentá-los.

Na esfera educacional, como apontado por Nascimento (2018), a reflexão é igualmente um ponto fulcral. A educação não deve alienar o outro de suas identidades, mas sim promover um ambiente que valorize e respeite a diversidade étnico-racial.

> Currículo e pedagogia são territórios de disputas e de exercício de poder. Na perspectiva do conceito de educação das relações étnico-raciais, professores e professoras devem fazer com que o currículo e a prática pedagógica afirmem e reforcem positivamente os diversos pertencimentos étnicos e raciais (Nascimento, 2018, p. 10).

Professores e professoras têm o poder de influenciar o currículo e a prática pedagógica, transformando-os em instrumentos de afirmação das identidades étnicas e raciais diversas. Sendo assim, têm um papel fundamental na criação de um ambiente educacional que promova a valorização e o respeito pela diversidade étnico-racial.

Ao afirmar que o currículo e a prática pedagógica devem reforçar positivamente os diversos pertencimentos étnicos e raciais, o autor está enfatizando a necessidade de inclusão de conhecimentos que representem a diversidade cultural e étnica da sociedade. Isso não apenas proporciona uma educação mais justa e equitativa, mas também empodera os estudantes ao reconhecerem e valorizarem suas identidades culturais e étnicas.

Essa abordagem visa combater o racismo e a discriminação desde a base, promovendo uma consciência crítica sobre as questões étnico-raciais e preparando os estudantes para uma convivência respeitosa e inclusiva na sociedade. É uma chamada para uma educação que reconheça e celebre a diversidade como uma fonte de enriquecimento para todos.

> Desenvolvendo essa consciência poderemos encontrar milhões de crianças negras no Brasil e no mundo. Muitas delas sentem-se silenciadas, ou seja, sentem que suas vozes, experiências e histórias não são validadas e ouvidas pela escola. [...]. Mas em uma escola de qualidade que consiga transmitir, sem mistificação e de forma mais equânime para todos, a contribuição de cada raça, de cada etnia na formação sociocultural brasileira. A construção de um tal processo escolar depende de uma política educacional que considere, entre outras, duas condições básicas: a inclusão imediata dos jovens negros nas universidades por meio de programas de ação afirmativa e a reformulação curricular da formação de professores a partir de parâmetros multiculturais. [...] (Silvério, 2002, p. 242-243).

A formação de professores, como ressaltado por Nascimento (2018), deve incorporar de maneira mais eficaz a temática das relações étnico-raciais, visando uma educação mais justa e inclusiva. A ambiência social proposta por Sodré (2023) demanda uma redefinição que inclua os diversos aspectos da vida, especialmente os das pessoas negras, e a educação desempenha um papel fundamental nesse processo de transformação.

Por fim, a visão africana da educação, citada por Nascimento (2018), nos lembra que educar é um processo de tornar-se pessoa e de aprender a conduzir a própria vida. Esse processo ganha significado pleno dentro de uma comunidade, onde o crescimento individual contribui para o fortalecimento coletivo.

Portanto, os desafios são muitos e a urgência de enfrentá-los é inegável. Somente por meio do reconhecimento da humanidade de todos, da valorização da diversidade e da promoção de uma educação que respeite e inclua, podemos esperar construir uma sociedade mais justa e equitativa para todos os seus participantes.

3.6 Conclusões

Ao longo deste capítulo, exploramos de maneira abrangente e profunda as questões relacionadas às relações étnico-raciais, ao racismo, ao preconceito e à discriminação racial no contexto brasileiro. Inicialmente, discutimos a natureza estrutural do racismo, destacando como ele está arraigado nas instituições e práticas sociais, perpetuando desigualdades e injustiças em diferentes esferas da vida.

Observamos também como o preconceito e a discriminação racial persistem no cotidiano da sociedade brasileira, prejudicando as oportunidades e a mobilidade social da população negra. A análise das pesquisas de Almeida, Nascimento e Eurico evidenciou que a discriminação racial não desapareceu com o fim da escravidão, mas continua a impedir o pleno desenvolvimento e a ascensão social dos negros.

Exploramos as iniciativas governamentais e sociais voltadas para a promoção da igualdade racial, como os Conselhos de Desenvolvimento e Participação da Comunidade Negra e a criação do Grupo de Trabalho Interministerial. Essas ações foram essenciais para sensibilizar a sociedade e promover mudanças significativas nas políticas públicas e nas atitudes em relação à população negra.

No âmbito educacional, refletimos sobre o papel crucial da educação das relações étnico-raciais na desconstrução do racismo e na promoção da diversidade. Destacamos a importância de um currículo e uma prática pedagógica que valorizem os diversos pertencimentos étnicos e raciais, capacitando os estudantes para uma convivência respeitosa e inclusiva.

Além disso, examinamos as contribuições teóricas de pensadores como Frantz Fanon e Jean-Paul Sartre, que nos instigam a enfrentar os desafios da luta antirracista e a reconhecer a complexidade das estruturas coloniais que perpetuam a opressão racial.

Por fim, ressaltamos a urgência de continuar avançando na compreensão e no enfrentamento do racismo e da discriminação racial, reconhecendo que esse é um trabalho contínuo que exige o comprometimento de toda a sociedade. Somente por meio de esforços coletivos e políticas inclusivas podemos construir um Brasil onde todas as formas de ser e estar no mundo sejam valorizadas e respeitadas. Este capítulo é um convite para a reflexão e a ação, em busca de uma sociedade mais justa, equitativa e livre de discriminação racial.

Referências

ALMEIDA, M. da S. Prefácio. *In*: EURICO, M. C. **Racismo na infância**. 1. ed. São Paulo: Cortez, 2020. p. 9-13.

ALMEIDA, S. **Racismo estrutural**. São Paulo: Pólen, 2019.

EURICO, M. C. A percepção do assistente social acerca do racismo institucional. **Serviço Social & Sociedade**, ano XXXIII, n. 114, p. 290-310, 2013.

EURICO, M. C. **Racismo na infância**. 1. ed. São Paulo: Cortez, 2020.

FANON, F. **Alienação e liberdade: Escritos psiquiátricos**. São Paulo: Ubu, 2020.

GOMES, N. L. **Corpo e cabelo como ícones de construção da beleza e da identidade negra nos salões étnicos de Belo Horizonte**. 2002. Tese (Doutorado) – Universidade de São Paulo, São Paulo, 2002. Acesso em: 11 abr. 2024.

GOMES, N. L. **Sem perder a raiz**: corpo e cabelo como símbolo da identidade negra. 2. ed. Belo Horizonte: Autêntica, 2008.

INSTITUTO BRASILEIRO DE ESTATÍSTICA. Pesquisa nacional por amostra de domicílios. 2018.

INSTITUTO NACIONAL DE ESTUDOS E PESQUISAS EDUCACIONAIS ANÍSIO TEIXEIRA. Censo da Educação Básica 2022. Brasília, DF: Inep, 2022.

LOPES, F.; QUINTILIANO, R. Racismo institucional e o direito humano à saúde. **Democracia Viva**. Rio de Janeiro, n. 34. jan./mar. 2007. Disponível em: https://bradonegro.com/content/arquivo/17062019_113244.pdf. Acesso em: 17 abr. 2024.

NASCIMENTO, A. do. **Nós em comum**: reflexão sobre Educação das Relações Étnico-Raciais. (Re) Existência intelectual negra e ancestral. Uberlândia, 2018.

PIRES, T. R. de O.; QUEIROZ, M.; NASCIMENTO, W. F. do. A linguagem da revolução: ler Frantz Fanon desde o Brasil. *In*: FANON, Frantz. **Os condenados da terra**. Tradução de Lígia Fonseca Ferreira e Regina Salgado Campos. 1. ed. Rio de Janeiro: Zahar, 2022.

SALGADO, J. T.; GONÇALVES, P. W. B. O Racismo e a Criança Negra na Educação Infantil. **Revista Letra Magna**, *[S. l.]*, v. 19, n. 33, 2023. Disponível em: https://ojs.ifsp.edu.br/index.php/magna/article/view/2289. Acesso em: 23 ago. 2024.

SARTRE, J.-P. **Situações III**. Tradução de Rui Mário Gonçalves. Sintra: Publicações Europa-América, 1971.

SILVA, R. da.; TOBIAS, J. da S. A educação para as relações étnico-raciais e os estudos sobre racismo no Brasil. **Revista do Instituto de Estudos Brasileiros**, Brasil, n. 65, p. 177-199, dez. 2016.

SILVÉRIO, V. R. Ação afirmativa e o combate ao racismo institucional no Brasil. **Caderno de Pesquisas**, São Paulo, n. 117, p. 219-246, dez. 2002. Disponível em: http://educa.fcc.org.br/scielo.php?script=sci_arttext&pid=S0100-15742002000300012&lng=pt&nrm=iso. Acesso em: 17 abr. 2024.

SODRÉ, M. **O fascismo da cor**: uma radiografia do racismo nacional. Petrópolis: Vozes, 2023.

Capítulo 4

DIVERSIDADE SOCIAL: UMA ABORDAGEM PLURIÉTNICA, MULTICULTURAL E MULTIDISCIPLINAR

Maurina Lima Silva
Eudes Marciel Barros Guimarães

> Quando alguém nos amparava, nós já sabíamos que aquela alma era brasileira. E nós tínhamos fé: os homens que lutaram para nos libertar hão de nos acomodar, o que nos favorece é que vamos morrer um dia e do outro lado não existe a cor como divisa, lá predominarão as boas obras que praticamos aqui (Carolina Maria de Jesus, **Diário de Bitita**, 1986, p. 56).

Foi dessa forma que Carolina Maria de Jesus (1914-1977) relatou as palavras do seu avô. Benedito José da Silva, nome de santo e sobrenome do seu *sinhô*, havia sido escravizado, mas viveu 39 anos de liberdade depois da abolição. Mesmo com as agruras do cativeiro ainda vivas em sua memória, acreditava na boa-fé da "alma brasileira", que, segundo suas palavras, amparava e acomodava pessoas como ele. E se, no seu íntimo, não acreditava verdadeiramente, dizer isso era uma maneira de fazer chegar alguma esperança nos ouvidos de sua neta, cuja vida estava apenas começando. Mas como apostar nessa esperança se a realidade escancarava que a diversidade social que constituía a "alma brasileira" revelava-se, cotidianamente, como uma brutal desigualdade tendo "a cor como divisa"?

Consideramos a obra de Carolina Maria de Jesus um rico manancial literário que nos leva a refletir sobre as fraturas da sociedade brasileira. Além disso, enquanto escrita literária, seus textos criam perspectivas, personagens, lugares e objetos percebidos pelos prismas vivenciais e imaginários de uma mulher negra, nascida no interior de Minas Gerais, em 1914, menos de três décadas após o fim da escravidão que castigou seus antepassados e marcou a memória de sua família. Uma mulher que, aos vinte e poucos anos, depois de ter perdido a mãe, seguiu para São Paulo, onde morou em favela, construiu sua casa com as próprias mãos, trabalhou como empregada doméstica e como catadora de papel. E, apesar – ou por causa – disso tudo, ela ousou ser escritora. É desse modo que "sua escrita se abre como uma espécie de janela para observar o mundo que cresce e se espalha do lado de fora, para questionar esse mundo e suas hierarquias" (Dalcastagnè, 2023, p. 10).

Em vista da amplitude do título que nos foi proposto para este texto, ajustamos o enfoque, circunscrevendo-o à obra de Carolina Maria de Jesus colocada em diálogo com o tema da diversidade social brasileira. A partir de **Diário de Bitita** (1986),[7] propomos tangenciar uma abordagem pluriétnica,

---

7 O livro foi publicado postumamente. Saiu pela primeira vez na França, com o título **Journal de Bitita** (1982), e quatro anos depois foi publicado no Brasil. Segundo Raffaella Andrea Fernandez (2014, p. 285), as edições brasileiras são uma cópia do texto "estabelecido e traduzido pela jornalista brasileira Clélia Pisa que, em 1972, recebeu das mãos de Carolina Maria de Jesus dois cadernos manuscritos, um com diversos poemas, intitulado 'Um Brasil', e outro contendo diversas narrativas autobiográficas nomeado 'Um Brasil para Brasileiros'."

na medida em a autora escreve as percepções sobre si mediante o contato com pessoas de diferentes traços e origens com as quais conviveu na infância e na adolescência.

Propomos também abordar o multicultural que ela põe em cena, desde os pequenos gestos ao caleidoscópio das manifestações culturais. E, por fim, ao lançar mão de sua obra, enveredamos pela abordagem multidisciplinar, uma vez que a escrita literária em questão nos permite pensar a partir e por meio de vários saberes disciplinares, dos Estudos Literários à História, das Ciências Sociais à Educação.

4.1 Sobre a diversidade social brasileira

O que dá consistência à sociedade brasileira? Muitas respostas foram ensaiadas para tal pergunta, e elas passam necessariamente por outra questão talvez ainda mais complexa: quem faz parte dessa sociedade? No século XIX, os românticos buscaram uma explicação do país como uma unidade nacional, e para isso elegeram o "índio" e a natureza como elementos simbólicos. Enquanto esses símbolos eram celebrados em letras e imagens, indígenas e florestas eram devastados sertões adentro. Na mesma época, quando foi colocado o problema de como escrever a história do Brasil, saiu vitoriosa a proposta de Karl Friedrich Philipp von Martius (1845, p. 387), para quem deveriam ser abordadas as contribuições dos indígenas, africanos e europeus, mas pesavam mais as ações dos que "estabeleceram e desenvolveram as sciencias e artes como reflexo da vida europeia".

No século XX, ainda em torno da ideia de unidade, ensaios históricos e sociológicos tentavam respostas com mais rigor metodológico e pouco afeitas a idealizações. Nessa esteira, vale citar, a título de exemplo, os três livros que

Antonio Candido (1995, p. 9) considerou, em 1967, como "chaves" para refletir sobre o Brasil "sobretudo em termos de passado": **Casa-Grande & Senzala** (1933), de Gilberto Freyre, **Raízes do Brasil** (1936), de Sérgio Buarque de Holanda, e **Formação do Brasil Contemporâneo** (1942), de Caio Prado Junior. Esses e outros autores, cada um a seu modo, buscaram especialmente no período colonial o sentido de nossa estrutura social, ao passo que também procuravam explicar as fraturas da sociedade que lhes era contemporânea.

Já no último quartel do século XX, quando algumas universidades ampliaram seus campos de pesquisa e de atuação, intelectuais, em especial cientistas sociais, enfatizaram uma leitura da sociedade que valorizasse o plural, o múltiplo e o diverso. Essa movimentação intelectual em direção à diversidade ganhou impulso nos anos 1980, espraiou-se para além dos muros universitários e foi coroada com a Constituição Federal de 1988. Escrevendo no final dos anos 1990 a propósito da questão étnica, Simon Schwartzman (1999, p. 84) fez o seguinte diagnóstico daquele momento: "Hoje, parece claro que o objetivo não é tentar medir ou quantificar as características biológicas da população, e sim sua diversidade social, cultural e histórica".

A superação das teorias raciais do século XIX, que perduraram em grande parte do século XX, abriu espaço para um novo paradigma: não eram mais as características biológicas que definiam as diferenças dentro da sociedade, mas sim a diversidade sociocultural. Contudo, a pergunta sobre a consistência da sociedade brasileira permaneceu aberta em face das contradições, das desigualdades e dos preconceitos baseados principalmente no racismo histórico. Em 1995, Darcy Ribeiro fez publicar **O povo brasileiro**, livro que, na esteira dos grandes ensaios sobre o Brasil, logo ganhou repercussão. A certa altura, o antropólogo questiona:

> Quando é que, no Brasil, se pode falar de uma etnia nova, operativa? Quando é que surgem brasileiros, conscientes de si, senão orgulhosos de seu próprio ser, ao menos resignados

com ele? Isso se dá quando milhões de pessoas passam a se ver não como oriundas dos índios de certa tribo, nem africanos tribais ou genéricos, porque daquilo haviam saído, e muito menos como portugueses metropolitanos ou crioulos, e a se sentir soltas e desafiadas a construir-se, a partir das rejeições que sofriam, com nova identidade étnico-nacional, a de brasileiros (Ribeiro, 1995, p. 132-133).

Em **Diário de Bitita** há uma busca pela compreensão da sociedade de que a autora participa, tendo Sacramento, lugar em que nasceu, como o microcosmo sobre o qual se constitui uma percepção arguta. Mas essa percepção é sensibilizada muito mais pelos conflitos e fraturas do que pelos arranjos e conciliações que configuram uma sociedade. Evidentemente, a escassez material e as fragilidades da cidadania que cerceavam a vida dos seus familiares e de outros negros da cidade marcaram profundamente sua visão de mundo. Daí o seu constante questionamento que pode ser sintetizado na seguinte passagem:

No dia 27 de agosto de 1927 o vovô faleceu. Minha mãe disse-me que eu estava com seis anos. Será que eu nasci no ano de 1921? Há os que dizem que nasci no ano de 1914. Eu notava que os pretos não sabiam ler. Nunca vi um livro nas mãos de um negro. Os negros não serviam no exército porque não eram registrados, não eram sorteados. Eles diziam:

– [...] Só os brancos que são considerados brasileiros.

Ninguém na minha família tinha registro. Não era necessário o atestado de óbito para sepultar os mortos. Voltamos a falar do meu ilustre avô (Jesus, 1986, p. 115).

Afinal, quem são os brasileiros? Essa pergunta abstrata, que evoca uma identidade étnico-cultural, animou os românticos após a independência e assombrou antropólogos como Darcy Ribeiro no fim do século XX. E o assombro consiste justamente na ausência de uma resposta. Mas a pergunta de Carolina de Jesus é outra, mais sutil e, ao mesmo tempo, mais concreta: quem tem direito a ser registrado como brasileiro? Ela desloca, assim, o ponto central do problema: não se trata de definir etnias e identidades, trata-se, com efeito, de proporcionar cidadania plena indistintamente a todos os habitantes do país.

Logo, sua escrita literária nos oferece uma gama de possibilidades para pensar sobre tais indagações. Ela nos leva a sofisticar nosso pensamento e colocar em diálogo o individual e o coletivo, o igual e o diferente, o eu e o outro, a identidade e a alteridade. Mais do que procurar respostas, é preciso sondar as perguntas, principalmente daqueles que foram submetidos a processos de racialização inscritos no seu corpo, nas suas ações e no seu estar no mundo (Carneiro, 2023). Dito isso, a pergunta "quem sou eu?", que interpela a imaginação antropológica e a introspecção psicológica essencialmente humanas, que ficou célebre no título do poema de Luiz Gama, publicado em 1861, atravessa a escrita de Carolina Maria de Jesus. Mas tal pergunta desdobra-se em muitas outras, do eu individual ao coletivo.

Com isso em perspectiva, ao lermos **Diário de Bitita**, é imprescindível a atenção para o fato de a autora ter situado sua narrativa na infância e na adolescência, pois, embora tenha sido escrito na maturidade, no livro a história é narrada do ponto de vista da menina em seu processo de elaboração de uma consciência do mundo. Desse modo, o que lemos vem de um conjunto de interrogações atribuídas à cabeça da menina, que tenta dar significado ao mundo que a cerca na medida em que também procura entender a condição de subalternidade à qual foi submetida. Mas, evidentemente, vem também das vivências da escritora adulta, que retoma a infância e a adolescência como uma forma de refletir sobre si, sobre os seus e sobre a sociedade que a constituiu e limitou suas formas de existir. Misturam-se os tempos da escrita,

DIVERSIDADE SOCIAL: UMA ABORDAGEM PLURIÉTNICA, MULTICULTURAL E MULTIDISCIPLINAR

da memória e da história na narração de uma trajetória muito singular no âmbito da abordagem e muito vasta no âmbito da experiência.

4.2 A abordagem pluriétnica

Para abordar a diversidade social pela perspectiva pluriétnica, antes é necessário dizer o que entendemos por *etnia*. Segundo Antonio Sérgio Alfredo Guimarães (2011, p. 266), o termo foi "cunhado para dar conta da diversidade cultural humana" e passou a ser usado vulgarmente "como marcador de diferenças quase irredutíveis, ou seja, como sinônimo de raça". Logo, o conceito de etnia foi formulado como um modo de superar o termo raça – carregado, por sua vez, de significados que remetem às teorias oitocentistas acerca das raças humanas, que afirmavam a superioridade de determinados povos sobre outros.

Para Ribeiro (1987, p. 53), etnias são "unidades operativas do processo civilizatório, cada uma correspondente a uma coletividade humana, exclusiva em relação às demais, unificada pelo convívio de seus membros através de gerações e pela coparticipação de todos eles na mesma comunidade de língua e de cultura". Guimarães (2011, p. 266), no entanto, critica a noção de etnia por entender que ela suprimiu o conceito de raça "sem que o processo social de marcação de diferenças e fronteiras entre grupos humanos perdesse o seu caráter reducionista e naturalizador". Daí que o termo raça ressurge nas últimas décadas de modo invertido: não mais na acepção baseada em diferenças físicas e biológicas, mas com força política diante da realidade social efetiva, ou seja, como estratégia que remete ao passado de exclusão para reivindicar, no presente, a legitimidade da inclusão.

Seja como for, raça e etnia indicam uma diferença, ou melhor, um processo de diferenciação. E esse processo remonta a estratégias de dominação largamente usadas em ações colonialistas e imperialistas, mas também indica o desejo de estabelecer uma identidade ancorada na resistência coletiva contra formas de opressão. No caso de Carolina Maria de Jesus, enquanto mulher negra que viveu no Brasil do século XX, a condição étnico-racial é incontornável. Ao ler os seus escritos, é inevitável pensar a história da constituição do eu em relação ao outro, o que coloca em perspectiva os contrastes sociais do Brasil.

A infância de Carolina de Jesus passou-se na zona rural de Sacramento, município de Minas Gerais, na região entre o Triângulo Mineiro e o Alto Parnaíba. Entre cidades e fazendas, conforme foi crescendo, trabalhou para diversas famílias, tanto na sua região mineira quanto nas fronteiras paulistas, chegando até Franca e Ribeirão Preto. Nesses lugares, ela tomou contato com pessoas de diferentes origens nacionais, uma vez que o incentivo à imigração fez com que, desde o fim do século XIX, muitos estrangeiros chegassem aos cafezais daquelas zonas mineiras e paulistas, tendo em vista a substituição da mão de obra escravizada (Oliveira, 2002, p.15-16).

Italianos, sírios, turcos, entre outros, aparecem em **Diário de Bitita** como uma maneira de abordar a sociedade pluriétnica e multicultural que a rodeia. Desses imigrantes estrangeiros, os italianos se destacavam pela numerosa presença e despertaram a curiosidade da menina que passou a ouvir histórias sobre eles, a observá-los e a refletir sobre as suas condições de vida no país que os recebia: "Os italianos que vieram foram selecionados. Sadios, bons dentes e sabiam ler. Uma família de oito pessoas tratava de quinze mil pés de café. Eles comiam carne, polenta, queijo e sopas. O pão era feito em casa. O pão era enorme, eles cortavam as fatias. Elas eram fartas" (Jesus, 1986, p. 41). Ao escrever sobre os matizes dessa percepção, inevitavelmente a autora coloca em cena a brutal diferença em relação às condições do seu povo: os italianos não tiveram seus laços familiares desfeitos, sua mesa era farta e eles eram alfabetizados. Quanto aos seus antepassados, tinha-se o seguinte quadro:

> Havia os pretos que morriam com vinte e cinco anos: de tristeza, porque ficaram com nojo de serem vendidos. Hoje estavam aqui, amanhã ali, como se fossem folhas espalhadas pelo vento. Eles tinham inveja das árvores que nasciam, cresciam e morriam no mesmo lugar. Os negros não são imigrantes, são acomodados. Não sonham com outras plagas. Às vezes o homem era vendido e separado de sua esposa. Os sinhôs haviam espalhado que eles eram amaldiçoados pelo profeta Cam. Que eles haviam de ter a pele negra, e ser escravo dos brancos. A escravidão era como cicatriz na alma do negro (Jesus, 1986, p. 57).

Italianos e negros, tomados como exemplos do eu e o outro que se encontram no mesmo território e sob o mesmo Estado, sobre o qual se constrói um sentido nacional, ocupam o lugar de mão de obra, porém, em condições desiguais: "Só os italianos tiveram permissão para plantar no meio do cafezal, e vendiam o excesso de suas produções"; já aos negros "o fazendeiro não consentia que plantasse arroz nas cabeceiras dos cafezais. Não podia plantar feijão no meio dos cafezais, não podia criar porcos, nem galinhas; só cuidar exclusivamente do café" (Jesus, 1986, p. 49). Assim, tais condições de desigualdade desdobravam-se em muitas dimensões e ressoavam poderosamente nos imaginários, nos comportamentos e nas práticas coletivas.

Na história contada pela autora, "os italianos, de colonos, foram transformando-se em fazendeiros, compravam áreas nas grandes cidades" (Jesus, 1986, p. 42). Conforme esses e outros imigrantes europeus foram enriquecendo, deixaram as fazendas. Então, "quando os fazendeiros viram os seus cafezais abandonados, ficaram apavorados. Não havia braços para as lavouras. Começaram a implorar ao negro para ser colono" (Jesus, 1986, p. 49). Mas as condições foram bastante diferentes: "O que nos empobreceu demasiadamente foram as nossas andanças pelas fazendas. Percebi que o fazendeiro não dá dinheiro para os colonos. Para mim a escravidão havia apenas amainado um pouquinho" (Jesus, 1986, p. 150).

O que constituía essa diferença? O que impedia que os negros conseguissem melhores condições de vida, assim como os italianos, assim como os brancos? Essas perguntas atravessam as memórias de Carolina Maria de Jesus, desde que era chamada de Bitita, na infância. E foi na infância, em uma das fazendas que recebia colonos negros, que ela ouviu da patroa uma promessa:

> A dona Maria Cândida pediu à minha mãe para eu ir todas as manhãs auxiliá-la na limpeza da casa. Minha mãe consentiu.
>
> Pensei: "Que bom! Quanto será que ela vai me pagar?"
>
> Mas a dona Maria Cândida disse-me:
>
> – Sabe, Carolina, você vem trabalhar para mim e quando eu for a Uberaba eu compro um vestido novo para você, vou comprar um remédio para você ficar branca e arranjar outro remédio para o seu cabelo ficar corrido. Depois vou arranjar um doutor para afilar o seu nariz.
>
> Pensei: "[...] E quando eu ficar com os cabelos corridos e o nariz afilado, quero ir a Sacramento para os meus parentes me verem. Será que eu vou ficar bonita?" (Jesus, 1986, p. 128-129).

A promessa de se tornar branca e o respectivo vislumbre a partir dela dão a dimensão da conjuntura de preconceitos reverberando coletiva e individualmente. Mas o não cumprimento da promessa se revelou como uma resposta. Com efeito, a condição do corpo negro, historicamente construído com base em hierarquias raciais, tornou-se, mais uma vez, alvo da exploração dos sentimentos e do trabalho sem direito sequer à remuneração:

> Seis meses fui trabalhar para a dona Maria Cândida. Despertava às cinco horas, lavava o rosto às pressas porque pretendia chegar sempre na hora certa para não magoá-la. Era a mulher mais importante para mim.
>
> Rejubilei interiormente quando ela disse-me que ia a Uberaba. Fiquei aguardando o seu retorno com ansiedade.
>
> Ela permaneceu dois dias fora. Quando regressou, encontrou-me de plantão à sua espera, mas fiquei decepcionada. Ela não trazia pacotes. Então ela enganou-me! Pensei nos seis meses que trabalhei para ela sem receber um tostão. Minha mãe me dizia que o protesto ainda não estava ao dispor dos pretos. Chorei (Jesus, 1986, p. 129).

A força desse relato revela a dificuldade de encontrar um sentido positivo para a dimensão pluriétnica quando o social é marcado mais pela desigualdade do que pela diversidade.

4.3 A abordagem multicultural

Se o conceito de etnia é pautado na diferenciação com base em certos parâmetros que enfatizam o cultural em vez do biológico – embora não haja consenso quanto à sua eficácia para dar conta da realidade social –, a noção de *cultura* engloba dimensões ainda mais amplas. Há uma infinidade de textos dedicados ao conceito de cultura, da Antropologia à História, da Teoria Literária à Sociologia. Terry Eagleton (2006, p.49) afirma que o significado antropológico de cultura "abrange tudo, de cortes de cabelo e hábitos de bebida à forma como devemos dirigir-nos ao primo em segundo grau do nosso cônjuge". Essa amplitude, ainda segundo Eagleton, torna impreciso o conceito e fragiliza seu uso operacional.

Para abrir um horizonte de discussão em consonância com os escopos deste texto, recorremos a Clifford Geertz, que entende a cultura como redes de significações que envolvem os seres humanos, das quais faz parte o "conjunto de mecanismos de controle – planos, receitas, regras, instruções (que os engenheiros de computação chamam 'programas') – para governar o comportamento" (Geertz, 2008, p. 33). E ainda a Carlo Ginzburg (1996, p. 27), para quem, em uma perspectiva que se aproxima da de Geertz, "a cultura oferece ao indivíduo um horizonte de possibilidades latentes – uma jaula flexível e invisível dentro da qual se exercita a liberdade condicionada de cada um".

Em **Diário de Bitita** há diversas passagens que colocam em cena o universo simbólico visto por meio das sociabilidades em Sacramento, mas que está conectado a uma dimensão mais ampla, cujas fronteiras temporais e espaciais são difíceis de demarcar. A alimentação, a vestimenta, as manifestações religiosas são aspectos que aparecem com frequência ao longo do texto. Analisar esses aspectos separadamente, no entanto, não dá conta de entender a cultura como uma "jaula flexível" nem como uma "rede de significações" que governam o comportamento e condicionam a liberdade.

Tomaremos como exemplo a festa como um caleidoscópio multicultural, percebida pela autora por um ponto de vista crítico, uma vez que nela as pessoas esqueciam-se das durezas do cotidiano, ou, pior ainda, conformavam-se com essas durezas. A inconformidade é o que estrutura a narrativa de **Diário de Bitita**, mas ainda assim a festa aparece caleidoscópica e coloca em cena as distinções sociais, as múltiplas dimensões religiosas e a resistência cultural. Vejamos o seguinte trecho:

> No dia da festa, o Américo de Sousa, filho de rico, era alegre e jocoso. Para assustar os negros que dançavam a congada pelas ruas, ele levantava às três da manhã e fazia três

cruzes de cinzas no meio da ponte que ia para o largo do Rosário. Quando os negros que dançavam a congada iam atravessar a ponte e viam as cruzes, ficavam com medo pensando que era feitiço. O Ameriquinho, reunido com os outros brancos, dava risadas. Mas o José Santana, que era o galã da festa e tinha um terno de congada, pulava por cima das cruzes de cinzas e era aclamado herói pelo povo. Depois que o Santana havia pulado por cima das cruzes, o feitiço deveria ir para ele (Jesus, 1986, p. 24).

Essa passagem diz respeito às festividades de maio em Sacramento, quando aconteciam as Congadas. Com elas, o tempo ganhava concretude, o calendário fazia sentido, pois, nas palavras de Bitita, "o único mês que eu sabia que existia era o mês de maio". Era quando "os negros iam pedir esmolas. Saíam com uma bandeira com o retrato de São Benedito" (Jesus, 1986, p. 24). Ainda hoje, as Congadas "constituem um ponto bastante forte a tudo o que se possa considerar identidade de grupo racial, étnico e religioso da região do Triângulo Mineiro", sendo considerada "uma festa afrocatólica", caracterizada como "uma fusão de rituais e crenças que se apresenta na cidade como manifestação racial de um grupo que historicamente tem se mantido com suas identidades culturais" (Kinn, 2013, p. 227). Logo, o universo cultural de uma festa como essa é múltiplo, uma vez que nela se misturam e se confundem as crenças religiosas, os rituais da fé, as imaginações e fantasias, o místico e o profano. Daí o seu caráter caleidoscópico: as Congadas revelam vários matizes com raízes diversas, multicontinentais, além de elementos imaginários que se misturam e se projetam no íntimo das pessoas e nos gestos coletivos, constituindo significados para os laços de sociabilidade, para as identidades grupais e para a própria existência.

Considere-se, assim, a cultura como lugar de conflitos, mas também de aproximações, de tramas e interações complexas que condicionam ações e sentimentos, que rearranjam as fronteiras étnico-raciais – e vemos isso em toda a sua potência na festa da Congada. O tema da festa já foi objeto analisado por diferentes perspectivas. Na historiografia brasileira, uma quantidade numerosa de estudos foi reunida nos dois volumes de **Festa**: cultura & sociabilidade na América Portuguesa (2001), organizados por István Jancsó e Íris Kantor. No capítulo dedicado aos folguedos, festas e feriados no mundo dos engenhos coloniais, Vera Lucia do Amaral Ferlini (2001, p. 449) pontua que as festas "constituem importante espaço de sociabilidade, com suas alegorias, representações e elaborações dos conflitos, uma espécie de válvula de escape, que torna possível a vida comunitária". E essa dimensão não passou despercebida da escrita de Carolina de Jesus, embora em outros termos e com uma visão crítica e inconformada.

No trecho que selecionamos, o conflito é demarcado explicitamente por meio de duas figuras. De um lado, Américo de Sousa, conhecido pela alcunha de Ameriquinho. De outro, José Santana, homem que tinha o terno da Congada. O primeiro era rico e branco, jovem e jocoso, filho de algum poderoso da cidade; e, pelo seu gesto não levava a sério a dimensão sagrada da festa, decidindo desdenhar da religiosidade dos festeiros. O segundo era negro e carregava a importância da festa na sua vestimenta. Ameriquinho, ao manipular determinados elementos simbólicos, despojando-os de seu arranjo sagrado, teve a intenção de confundir, amedrontar, apavorar os corpos e espíritos livres para festejar. Mas foi derrotado pela coragem do "galã da festa", que prontamente decidiu pular "por cima das cruzes de cinzas" e, por isso, foi "aclamado herói pelo povo". O que é a cultura senão também um rearranjo constante de significados múltiplos? Se é possível produzir significados que apavoram, também é possível desarranjá-los por meio de gestos e rituais que acalmam. Foi nessa jaula flexível que José Santana fez deslocarem as grades, restituindo novamente ao espaço da festa a liberdade e a resistência que a Congada oferece.

Para além dos rituais religiosos como a Congada, a festa oferecia um espaço de construção de sentido em outros momentos da vida. Era um escape à dureza do cotidiano, um escape à consciência da exploração, como fica claro na passagem a seguir:

> Aos sábados, as cozinheiras iam aos bailes. Que suplício cozinhar aos domingos, com sono. Mas depois do almoço elas podiam sair, passear até as quatro horas, e voltar para preparar o jantar. E elas não se saciavam.
>
> No sábado seguinte iam dançar novamente até seis da manhã. Aos domingos elas deviam ir para o trabalho às sete horas, porque as patroas queriam dormir até as sete horas (Jesus, 1986, p. 35).

Para essas mulheres, que passavam a maior parte do dia cozinhando para os patrões, ir ao baile significava reconciliar-se com a sua liberdade possível. No sábado à noite, esqueciam-se do tempo, esqueciam-se do sono, esqueciam-se do dia seguinte e dos patrões exigindo sua presença às sete da manhã. Elas se libertavam das amarras cotidianas para governarem a si mesmas.

No entanto, Carolina de Jesus não deixa de ver a festa como um entrave social, como algo que conformava e, por isso, impedia uma transformação das condições da vida cotidiana. Sua crítica, nesse sentido, é mordaz:

> Alguns pretos adoeciam de tanto sambar. Que fanatismo por baile. Pensava: "Se eles tivessem o fanatismo para trabalhar, poderiam até ter casas cobertas com telhas". [...]. Vários dias ficavam comentando as canções que eles improvisavam. O que me horrorizava era ver um preto andar cinco léguas para dançar (Jesus, 1986, p. 90).

Na sua busca por respostas às desigualdades socioeconômicas que assolavam a vidas dos negros, Carolina de Jesus não temia a dureza das palavras, ela movia o seu pensamento questionador por meio das memórias escritas. Ao situar suas percepções na infância, ia e voltava, concluía e recuava na conclusão, mas, sobretudo, soube compreender muito bem que o problema não era a indisposição ao trabalho – essa crença introjetada para desqualificar e culpabilizar os negros por sua miséria. O problema era outro, e ela o identificou de maneira límpida:

> Os brancos eram mais tranquilos porque já tinham seus meios de vida. E os negros, por não terem instrução, a vida era-lhes mais difícil. Quando conseguiam algum trabalho, era exaustivo. O meu avô com setenta e três anos arrancava pedras para os pedreiros fazerem os alicerces das casas (Jesus, 1986, p. 54).

4.4 A abordagem multidisciplinar

O próprio exercício de escrever este texto, que parte da literatura para refletir sobre a diversidade social, inscreve-se em uma perspectiva multidisciplinar. Por conseguinte, interpelar várias disciplinas para elucidar as questões em torno do problema revela aspectos que, colocados em diálogo, justapostos, tornam o nosso olhar mais atento às possibilidades de interpretação.

A propósito, os textos de Carolina Maria de Jesus, pela sua fluidez nos gêneros de escrita e seu modo de retratar o social, despertam olhares de intelectuais de diversas áreas, de modo que sua obra é melhor compreendida por um viés multidisciplinar. O antropólogo Marco Antonio Gonçalves (2014, p. 22), ao estudar o sofrimento e a estetização da vida nos diários escritos por ela, sublinha a intrínseca relação entre "o biográfico e o social, o individual e o cultural, o objetivo e o subjetivo [...] fundidos pelo seu modo de sofrer que é, também, uma forma particular de conhecer, de estranhar a si mesma e o mundo através de sua escrita." A historiadora Elena Pájaro Peres (2006, p. 84), em sua tese sobre as populações moventes em São Paulo de meados do século XX, coloca em destaque a percepção reveladora sobre a conjuntura histórica e as estruturas de poder que podemos ler em **Quarto de Despejo** (1960): "o seu 'olhar circulador' através das vidraças, como ela mesma dizia, registrava como uma câmera os movimentos da vida dos que lhe eram impostos como patrões por serem brancos e detentores do capital que 'aprisionava' os pobres e negros".

Dentro dos estudos literários, Sandra Regina Goulart Almeida (2013, p. 141) escrutina a voz escrita de Carolina de Jesus na perspectiva dos estudos pós-coloniais, indagando sobre "o que de fato acontece" quando uma mulher subalterna fala, como ela é escutada, em nome de quem e em que espaços sua fala é articulada. Também pelo viés literário, Regina Dalcastagnè (2023, p. 24) aborda a construção de diversos personagens e os encontros destes com a protagonista, Carolina: "esses encontros são, evidentemente, literários, usados para preencher a necessidade de dizer alguma coisa sobre o outro e, talvez, esclarecer para si o mundo".

No campo da Educação, esses escritos literários podem ser perscrutados para "desvelar aspectos insuspeitos da realidade e de suas formas de vida" e, dessa forma, contribuem, de um lado, para compreender os sentidos da educação elaborados literariamente e, de outro, "para as dimensões formativas que se fazem (ou devem se fazer) presentes nos processos educativos e ultrapassam, em muitos sentidos, os níveis explícitos das disciplinas escolares" (Catani, 2023, p. 19). Não por acaso, Carolina de Jesus apostava na educação como a força transformadora da realidade brasileira: "Porque o Rui [Barbosa] disse que este Brasil grandioso que ele imaginava virá quando não mais existirem analfabetos no nosso torrão. Que o combustível moveu os motores e o saber locomove o homem" (Jesus, 1986, p. 48). Ou ainda: "Poderiam criar uma lei de educação geral, porque as pessoas cultas que adquirem conhecimento do seu grau intelectual têm capacidade para ver dentro de si" (Jesus, 1986, p. 114).

Múltiplas formas de olhar para uma obra que, por sua vez, elabora significados para a multiplicidade do mundo. Em **Diário de Bitita**, por exemplo, há uma cartografia da diversidade social, colocada em perspectiva por meio de uma trajetória entre as cidades de Sacramento e São Paulo – a primeira como espaço de experiência e a segunda como horizonte de expectativa: "Diziam que nas grandes cidades é que os pobres poderiam elevar-se um pouco. A longevidade para o pobre só se consegue no estado de São Paulo, onde o pobre tem possibilidade de comer todos os dias" (Jesus, 1986, p. 151). E, ao elaborar uma geografia para si, compõe caminhos em que se cruzam o biográfico e o social, percebe atentamente as camadas do entorno com seu "olhar circulador", faz ouvir sua voz subalterna, encontra-se com outras Carolinas, com Beneditos e Ameriquinhos transformados em personagens.

A percepção das diferenças sociais começa já em tenra idade, quando ainda era Bitita e recusava-se a ser chamada de Carolina. No entrecruzamento entre as memórias que remetem à infância e a escrita elaborada na fase madura, o texto de Carolina Maria de Jesus nos desafia a olhar por meio das sutilezas, dos preconceitos e das identidades. A certa altura de **Diário de Bitita**, uma diferença de culinária se torna motivo para uma reflexão sobre as várias nacionalidades em território brasileiro.

> Minha tia levava o quibe para nós comermos e dizia que os sírios socavam a carne no pilão. E nós dávamos risada. O brasileiro não conhecia a lentilha e dizia que era o feijão dos turcos.
>
> Se perguntasse:
>
> — O senhor é turco?

— Non, eu sírio! Turco não presta!

Pensava: "Que mundo é este? Um mundo que para viver-se nele é necessário ter um estoque de paciência".

O japonês diz: "Chinês não presta".

O chinês diz: "Japonês non presta".

O branco diz: "Amarelo não presta".

O branco diz: "Negro não presta".

O negro diz: "Amarelo não presta, o branco também não presta" (Jesus, 1986, p. 60).

Nesse pluralismo carregado de estereótipos, de pilhérias, de estranhamentos e de ressentimentos reside a percepção de uma sociedade bastante diversificada. Porém, o ponto principal não é a condição étnica, mas os conflitos socioculturais que ocorrem quando o outro é tomado como um estereótipo. Nesse sentido, no caleidoscópio das nacionalidades estão em jogo os obstáculos da convivência, e isso é permanentemente questionado pela autora. Mais do que a questão étnica ou cultural, o problema da desigualdade social é a grande interrogação do texto de Carolina Maria de Jesus. Assim, não há como abordar o diverso sem questionar a desigualdade socioeconômica que a estrutura. E para pensar sobre a complexidade dessa questão, é preciso aproximar os saberes dos vários campos disciplinares.

4.5 Considerações finais

Enfatizar o diverso como base constitutiva de uma sociedade é um caminho que estimula a convivência com a diferença. A diversidade social, vista pelo ângulo do encontro de múltiplas etnias e culturas, que convivem, elaboram trocas, misturam-se, foi abordada por diversos pensadores brasileiros, das Ciências Sociais à Literatura. Enquanto muitos autores buscaram uma resposta para as perguntas "o que é o Brasil?" e "o que é o brasileiro?", outros pluralizaram essas interrogações, admitindo a existência de muitos Brasis sobrepostos e uma multiplicidade de brasileiros, não mais como um resultado étnico-cultural, mas como uma constante confluência de trocas materiais e simbólicas que dão sentido às existências individual e coletiva.

Os textos de Carolina Maria de Jesus interpelam todas essas questões. Especialmente em **Diário de Bitita**, em que a autora adulta dá voz à menina que viveu em Sacramento nas décadas de 1910 e 1920, lemos relatos impressionantes. Ali ela começou a ter consciência das agruras de ter "a cor como divisa". Percebeu a diversidade das gentes e, sobretudo, os espaços de diferenciação social. Seus escritos nos estimulam a pensar sobre a permanência de determinadas estruturas de poder que discriminam, dividem, marginalizam e fazem com que a desigualdade se sobreponha à diversidade em um país tão plural como o Brasil. Desde criança, tomou consciência de sua inconformidade diante das mazelas sociais que a atingiam e também atingiam os seus. Ela relata que, uma vez, quando a mãe já havia se irritado de tanto ouvir seus questionamentos, aconselhou-a a ir brincar. Bitita foi, porém, "não senti atração. Não me emocionei. Não poderia viver tranquila neste mundo, que é semelhante a uma casa em desordem. Oh! se me fosse possível lutar para deixá-lo em ordem!" (Jesus, 1986, p. 50). E ela tentou, durante toda a vida, reordenar a casa, tendo como instrumento sua escrita insubmissa aos poderes estabelecidos e inconformada com a desordem sentida nas fraturas da sociedade.

Referências

ALMEIDA, S. R. G. Quando o sujeito subalterno fala: especulações sobre a razão pós-colonial. *In*: ALMEIDA, J.; MIGLIEVICH-RIBEIRO, A.; GOMES, H. T. (Orgs.). **Crítica pós-colonial:** panorama de leituras contemporâneas. Rio de Janeiro: 7 Letras, 2013. p. 139-155.

CANDIDO, A. O significado de "Raízes do Brasil". *In*: HOLANDA, S. B. de. **Raízes do Brasil**. 26. ed. São Paulo: Companhia das Letras, 1995. p. 9-21.

CARNEIRO, S. **Dispositivo de racialidade**: a construção do outro como não ser como fundamento do ser. Rio de Janeiro: Zahar, 2023.

CATANI, D. B. Annie Ernaux e a educação: ficção, autobiografia e compreensão sociológica. **Revista USP**, São Paulo, n. 137, p. 15-30, abr./maio/jun. 2023.

DALCASTAGNÈ, R. **Carolina Maria de Jesus:** uma voz insubmissa na literatura brasileira. Brasília: Fundação Alexandre Gusmão; Instituto Guimarães Rosa, 2023.

EAGLETON, T. **A ideia de cultura**. São Paulo: Ed. Unesp, 2006.

FERLINI, V. L. do A. Folguedos, feiras e feriados: aspectos socioeconômicos das festas no mundo dos engenhos. *In*: JANCSÓ, I.; KANTOR, I. (Orgs.). **Festa:** cultura & sociabilidade na América Portuguesa. São Paulo: Hucitec; Edusp; Fapesp; Imprensa Oficial do Estado de São Paulo, 2001. p. 449-466.

FERNANDEZ, R. A. Vários "Prólogos" para um Journal de Bitita/Diário de Bitita ou Por que editar Carolina?. **Scripta**, Belo Horizonte, v. 18, n. 35, p. 285-292, 2014.

FREYRE, G. **Casa-grande e senzala:** formação da família brasileira sob o regime de economia patriarcal. Rio de Janeiro: Record, 1933.

GAMA, Luiz. "Quem sou eu?". *In*: FERREIRA, L. F. (Org.). **Com a palavra Luiz Gama:** poemas, artigos, cartas, máximas. São Paulo: Imprensa Oficial de São Paulo, 2011. p. 61-65.

GEERTZ, C. **A interpretação das culturas**. Rio de Janeiro: LTC, 2008.

GINZBURG, C. **O queijo e os vermes**. São Paulo: Companhia das Letras, 1996.

GONÇALVES, M. A. Um mundo feito de papel: sofrimento e estetização da vida (os diários de Carolina Maria de Jesus). **Horizontes Antropológicos**, Porto Alegre, v. 20, n. 42, p. 21-47, jul.-dez. 2014.

GUIMARÃES, A. S. A. Raça, cor, cor da pele e etnia. **Cadernos de Campo**, v. 20, p. 265-272, 2011.

HOLANDA, Sérgio Buarque de. **Raízes do Brasil**. São Paulo: Companhia das Letras, 1936.

JANCSÓ, I.; KANTOR, I. (Orgs.). **Festa:** cultura & sociabilidade na América Portuguesa. São Paulo: Hucitec; Edusp; Fapesp; Imprensa Oficial do Estado de São Paulo, 2001.

JESUS, C. M. de. **Diário de Bitita**. Rio de Janeiro: Nova Fronteira, 1986.

JESUS, C. M. de. **Quarto de despejo:** diário de uma favelada. São Paulo: Ática, 2020.

KINN, M. G. A Congada de Uberlândia: tradição, costumes, valores, representações sociais e ordem moral. **Geoaraguaia**, Barra do Garças, v. 3, n. 2, p. 226-245, ago.-dez. 2013.

MARTIUS, K. F. P. von. Como se deve escrever a história do Brasil. **Revista Trimensal de Historia e Geographia** ou **Jornal do Instituto Historico e Geographico**, Rio de Janeiro, tomo 6, n. 24, p. 381-403, jan. 1845.

OLIVEIRA, L. L. **O Brasil dos imigrantes**. 2. ed. Rio de Janeiro: Jorge Zahar, 2002.

PERES, E. P. **Exuberância e invisibilidade:** populações moventes e cultura em São Paulo, 1942 ao início dos anos 1970. Tese (Doutorado em História Social), Universidade de São Paulo, São Paulo, 2006.

PRADO JR., C. **Formação do Brasil contemporâneo**. São Paulo: Editora Brasiliense, 1942.

RIBEIRO, D. **O povo brasileiro:** a formação e o sentido do Brasil. São Paulo: Companhia das Letras, 1995.

RIBEIRO, D. **O processo civilizatório:** estudos de antropologia da civilização. 9. ed. Petrópolis: Vozes, 1987.

SCHWARTZMAN, S. Fora de foco: diversidade e identidades étnicas no Brasil. **Novos Estudos CEBRAP**, n. 55, p. 83-96, nov. 1999

Parte 3

AÇÕES AFIRMATIVAS A PARTIR DA LEI Nº 10.639/03

Capítulo 1

EDUCAÇÃO ANTIRRACISTA: ABERTURAS A PARTIR DA LEI N° 10.639/03

Alexandre César Gilsogamo Gomes de Oliveira

Mara Lucia da Silva Ribeiro

A discussão acerca da construção de uma educação antirracista, tendo por base a Lei n° 10.639/03, é atravessada por temáticas específicas que se complementam na composição de um organismo vivo e contraditório que denominamos sociedade brasileira. O que estamos dizendo é que não é possível apreender as características da sociedade brasileira sem olharmos para as questões raciais. Debate denso que não cabe em sua totalidade neste capítulo, portanto, traremos apenas as que julgamos mais latentes e que podem contribuir para uma reflexão propositiva, na direção de uma educação emancipadora.

Nesse sentido, consideramos como uma temática específica a discriminação sofrida diariamente pela população negra brasileira e latino-americana, na medida em que partimos do conceito de racismo por denegação. De acordo com González (2019) um tipo de racismo velado que, utilizando mecanismos para disfarçar a violência da discriminação e do preconceito, alimenta o mito da democracia racial e garante os privilégios para a branquitude. Assim, a compreensão de uma legislação antirracista precisa ser realizada a partir da premissa de que há uma grande contradição na elaboração de um texto que destoa das bases que alicerçam nossa sociedade, organizada pelo capitalismo neoliberal, assentado no racismo estrutural.

Nesse contexto, embora compreendamos que a Lei nº 10.639/03 é o resultado da luta do movimento negro organizado, asseveramos que a análise das ações implementadas na perspectiva de uma educação antirracista requer uma observação crítica sobre a aderência (ou não) das políticas públicas à prática pedagógica das instituições de ensino.

Nessa direção, a assinatura da lei nos primeiros dias de governo do presidente Luiz Inácio Lula da Silva (2003-2010; 2022-atual), eleito pelo Partido dos Trabalhadores (PT), pode ser interpretada como um ato simbólico de respeito e reverência à luta da população negra.

É fundamental destacarmos que a referida lei que vimos discutindo altera[8] o texto de uma lei ainda "maior": referimo-nos à Lei de Diretrizes e Bases da Educação Nacional LDB (Lei nº 9.394/96), que, por sua vez, orienta, regulamenta e estabelece princípios a toda educação nacional, seja ela privada ou pública. De fato, uma legislação que materializa o desejo de construção de uma educação antirracista, uma conquista sem precedentes daqueles(as) que historicamente combatem a violência racial dentro e fora dos ambientes educacionais.

Diante do exposto é fundamental atrelarmos, sempre que possível, ambas as legislações, pois, embora a Lei nº 10.639/03, por si só, seja a concretização de um embate duro ao longo de décadas, ela transforma o texto da LDB em um instrumento antirracista. Destacamos que ela introduz artigos que

---

8   Art. 1º A Lei nº 9.394, de 20 de dezembro de 1996, passa a vigorar acrescida dos seguintes arts. 26-A, 79-A e 79-B.

legitimam e respaldam as práticas antirracistas no ambiente escolar que, por vezes, são questionadas e combatidas por governos de direita, parlamentares extremistas, instituições e movimentos conservadores.

Desse modo, a Lei nº 10.639/03 é a própria LDB! E por que estamos enfatizando tal obviedade? De partida, é prudente evidenciarmos que tal afirmação pode provocar reações/interpretações distintas, mas não contraditórias, haja vista que são produzidas por militantes – dentro e fora do campo educacional – que defendem e atuam no enfrentamento ao racismo.

Por um lado, alguns podem defender que exaltar a LDB em detrimento da outra causaria um "enfraquecimento" da Lei nº 10.639/03, ou seja, de certo modo, "apaga" a luta travada em torno da sua construção e aprovação. Nesse sentido, sempre se referem ao texto da Lei nº 10.639/03 de forma desconectada da Lei nº 9.394/96.

Não refutamos o modo desses, mas defendemos uma outra perspectiva: entendemos que descolar uma lei da outra pode provocar um entendimento, por parte dos racistas, que não coaduna com a luta antirracista. Eles podem enxergá-la como uma espécie de penduricalho, algo menor e fraco, apenas uma ação isolada do Movimento Negro. Destarte, compreender a Lei nº 10.639/03 como sendo a própria LDB a fortalece ainda mais, ganha corpo, estabelece uma outra relação de poder, transforma, enriquece o debate, conquista credibilidade, liberta.

Todavia, mesmo diante da defesa de que as duas leis se fortalecem quando estão amalgamadas, é preciso retomarmos as especificidades inerentes à Lei nº 10.639/03. Nesse sentido, para a compreensão de suas características, é preciso destacar que a implementação de toda e qualquer política pública, seja ou não resultado de pressão popular, deve ser analisada em seu contexto de produção. Sobretudo as leis relacionadas à educação merecem especial atenção tendo em vista suas especificidades, assim como o fato de que sua efetivação está diretamente ligada à ação concreta dos(as) profissionais da educação, sujeitos que, a depender de seu envolvimento com o tema ou com a própria elaboração da política pública, trabalhará com maior ou menor atenção ao texto legal.[9]

Nesse sentido, os mecanismos de regulação da prática pedagógica, se forem reduzidos a mera normatização, desconsiderando em sua elaboração o contexto cultural das instituições educacionais, terão dificuldades em serem efetivados (Lopes; Macedo, 2021), visto estarem distantes da realidade concreta dos(as) profissionais da educação. Por realidade concreta, referimo-nos tanto aos materiais didáticos e de formação docente quanto aos ideológicos, que balizam as concepções de vida e de educação das professoras.[10]

Outro aspecto que julgamos relevante para esse debate é a necessidade de reflexão sobre a produção de conhecimento nas escolas brasileiras, de modo a compreender como as professoras trabalham sob (ou sobre) um emaranhado de leis que, de forma mais ampla, objetivam direcionar as práticas pedagógicas. O entendimento de quais aspectos legais são mais ou menos valorizados no interior das escolas atravessa a análise do contexto de produção de cada normativa, elemento que carece de metodologia científica para fugir do senso comum e desvelar suas reais características.

Portanto, buscamos em Ball, Maguire e Braun (2021) e Mainardes (2006) uma metodologia de análise para atuação de políticas públicas, teoria desenvolvida por Ball e seus colaboradores, denominada ciclos de políticas.

---

9 Destacamos que nossa análise partirá da compreensão da legislação como um arcabouço de regras que se propõem a organizar e direcionar comportamentos e atitudes de sujeitos sociais, em determinado campo da vida coletiva.

10 Questão de gênero: de acordo com dados apresentados pelo Ministério da Educação, 79,2% dos cargos de docente na educação básica brasileira são ocupados por mulheres, por isso utilizamos o gênero feminino para nos referirmos às e aos profissionais da educação. Para assegurar fidedignidade aos referenciais teóricos seguimos a escrita original, portanto, o gênero masculino poderá ser utilizado em citações diretas. Disponível em: https://www.gov.br/mec/pt-br/assuntos/noticias/2023/marco/dia-da-mulher-mulheres-sao-maioria-na-docencia-e-gestao-da-educacao-basica.

1.1 Contextos de formulação de políticas

De acordo com Ball, Maguire e Braun (2021), os discursos que sustentam políticas públicas são anteriores à produção do texto legal que, por sua vez, será interpretado no contexto das escolas sob a perspectiva das subjetividades, tanto dos sujeitos (professoras, agentes de apoio, gestores educacionais, mães, pais e estudantes) quanto das instituições.

Na busca por transformar determinados projetos ou propostas em ideias tidas como óbvias, ou seja, transformar o senso comum em verdade, conjuntos de ideias são veiculados para a construção de determinada racionalidade. Para os autores:

> O processo de produzir/fazer conjuntos de ideias sobre as políticas que se tornam parte do "tidas-como-evidente" da escola envolve, frequentemente, a produção de representações e de traduções, simulacros de textos de políticas primários (Ball; Maguire; Braun, 2021, p. 183).

Nesse sentido, a compreensão da Lei nº 10.639/03 como resposta à pressão de um grupo específico da população brasileira e a ausência de uma ampla discussão sobre a importância da temática desvelam sua fragilidade e podem contribuir para o entendimento das dificuldades de sua efetivação.

Sobre esse aspecto, ressaltamos que, para Ball, Maguire e Braun (2021), políticas não são implementadas, elas são traduzidas, interpretadas e se materializam nas atuações dos atores envolvidos na educação. Portanto, o termo implementação de política pública não atende às especificidades do contexto educacional, justamente por ater-se apenas à produção do texto legal, desconsiderando o processo de atuação da política, momento em que essa é posta em ação pelas(os) profissionais da educação. Assim, entendem política como os textos materialmente produzidos,

> [...] que são complexamente configurados, contextualmente mediados e institucionalmente prestados. A política é feita pelos e para os professores; eles são atores e sujeitos, sujeitos e objetos da política. A política é escrita nos corpos e produz posições específicas dos sujeitos (Ball; Maguire; Braun, 2021, p. 25).

Para os autores, políticas são formações discursivas ou textos que definem práticas relacionadas a processos sociais amplos e conferem sentido a símbolos, tais como estudante ou finalidades da educação, o que significa que "as políticas podem ser consideradas representações de conhecimento e poder, discursos que constroem um tópico" (Ball; Maguire; Braun, 2021, p. 185). Essas formações discursivas são compostas por vários outros "grupos de declarações", que não estão isentas de fragilidades derivadas de lacunas nas formações discursivas, marcando as contradições presentes nas relações humanas atravessadas por disputas de poder.

De acordo com Mainardes (2006, p. 49), os ciclos de políticas, como metodologia de análise, nos auxiliam a compreender "os processos micropolíticos e a ação dos profissionais que lidam com as políticas a nível local". Essa abordagem metodológica contextualiza a política em cinco momentos que os autores denominam ciclos ou contextos de formulação de política.

O primeiro contexto, o de influência, tem como elemento central a participação ativa de grupos organizados (partidos políticos, redes sociais, associações etc.), buscando elaborar os conceitos que tomam corpo e concedem legitimidade ao discurso que se tornará a base da política. Momento em que processos mais formais geram a necessidade de criação de comissões e grupos de trabalho, vinculados aos interesses em disputa.

Para Contreras (2002), esse movimento de pretensa participação confere às professoras uma ilusória sensação de envolvimento no processo de elaboração da política. Para o autor, mesmo que se sintam sobrecarregadas com as múltiplas atribuições da profissão, não se furtam à nova tarefa pois negar sua participação lhes parece faltar à responsabilidade e ao compromisso com a profissão e com os(as) estudantes.

Nesse contexto, a produção do texto legal é disputada pelos diversos grupos envolvidos, que muitas vezes possuem interesses diversos e contraditórios. Portanto, "textos políticos são o resultado de disputas e acordos, pois os grupos que atuam dentro dos diferentes lugares de produção de textos competem para controlar as representações da política" (Mainardes, 2006, p. 52).

Será no contexto da prática que as contradições e as limitações desenvolvidas na produção do texto serão vivenciadas, a partir da interpretação e recriação do texto, ação realizada pelos atores que estão na escola, o que tem como consequência a possibilidade de transformações do que foi originalmente elaborado. Mainardes (2006) chama a atenção para as disputas, presentes também nesse contexto, pois as professoras possuem um papel ativo no processo de tradução e atuação das políticas públicas, suas subjetividades e das instituições exercem influência direta nesse contexto.

Sobre o quarto contexto classificado como resultados, Ball e seus colaboradores apontam a preocupação dos efeitos produzidos pelas políticas que "deveriam ser analisadas em termos do seu impacto e das interações com as desigualdades existentes" (Mainardes, 2006). Nesse sentido, a análise do conjunto de políticas públicas possui efeito direto na compreensão da atuação da política, visto que na teia de normativas legais muitas vezes o contraditório está presente e exerce influência sobre as ações pedagógicas, conduzindo as escolhas que não estão isentas de interesses pessoais (dos sujeitos e das instituições).

O contexto de estratégia política completa o ciclo de políticas e "envolve a identificação de um conjunto de atividades sociais e políticas que seriam necessárias para lidar com as desigualdades criadas ou reproduzidas pela política investigada" (Mainardes, 2006, p. 55).

1.2 Lei n° 10.639/03 no contexto educacional: por que temos a impressão de que ela "não pegou"?

De maneira muito breve, propomos interlocuções com alguns conceitos e constatações, que de certo modo dialogam entre si e nos apontam para uma direção: a de que, mesmo após 20 anos de promulgação da Lei n° 10.639/03, as práticas antirracistas nos ambientes educacionais acontecem de modo pontual, quer dizer, não estão previstas no Projeto Político Pedagógico (PPP); não estão estruturadas dentro de um projeto de trabalho; não se conectam com o Currículo;[11] não são desenvolvidas regular e sistematicamente; não servem de ponto de partida para se pensar o planejamento de curso e aulas; enfim, não são consideradas como primordiais. Diante do exposto, quais porquês explicam a atuação dessa política pelos atores de nossas escolas?

---

11 Entendemos Currículo (no maiúsculo) toda ação pedagógica no contexto educacional. Toda intencionalidade, como: prática, postura, projeto, aula, planejamento, atendimento, intervenção estética, prática esportiva, acolhimento da comunidade, diálogo entre os atores etc. compõe a proposta curricular da escola. Neste sentido, ele é próprio da escola, de construção coletiva. No entanto, deve estar concatenado com as legislações educacionais vigentes, como o currículo prescrito oriundo da rede e, primordialmente, estruturado e orientado pelo PPP.

1.3 A necessidade de "desatar um nó"

O primeiro que nos ocorre é o que denominaremos *nó pedagógico*. Diante de tal metáfora, percebemos ao longo das últimas décadas que o nó *afrouxa, mas não desata*. Desde já, defendemos que toda generalização nos impede de avançarmos e reconhecermos trabalhos de excelência que são concretizados nas diversas redes de ensino. No entanto, nossa atuação como educadores, há mais de três décadas, nos possibilita trazermos à tona algumas constatações que, infelizmente, fazem parte do cotidiano educacional.

Tais constatações e o *nó pedagógico* dialogam diretamente com a necessidade de superarmos a contradição opressor-oprimido, como defendeu Paulo Freire em seus estudos. O não reconhecimento da LDB na sua integralidade – com as alterações previstas pela Lei nº 10.639/03 – reflete uma relação, ainda estreita, do que convencionalmente chamamos de ensino/escola tradicional ou conservadora. Romper com a referida contradição é caminhar na direção de uma escola libertadora. Segundo Freire (2011, p. 48), "é um parto doloroso [...] a superação da contradição é o parto que traz ao mundo este homem novo não mais opressor; não mais oprimido, mas homem libertando-se".

O combate ao racismo, por meio do Currículo, faz com que as práticas antirracistas – legitimadas pela legislação maior que versa sobre a educação nacional – sejam, segundo Freire, "práticas libertadoras", pois levam os oprimidos, os racializados, os que historicamente foram e ainda são invisibilizados a uma criticidade capaz de transformar suas vidas e a sociedade em que vivem. Contudo, o racismo presente nas estruturas de uma sociedade violenta é eficiente e, não raras vezes, sutil. Em **Pedagogia do oprimido**, Freire (2011, p. 54) nos alerta:

> É que o opressor sabe muito bem que esta "inserção crítica" das massas oprimidas, na realidade opressora, em nada pode a ele interessar. O que lhe interessa, pelo contrário, é a permanência delas em seu estado de "imersão" em que, de modo geral, se encontram impotentes em face da realidade opressora, como "situação limite" que lhes parece intransponível.

Portanto, defendemos que, enquanto não transpormos as barreiras que colocam, de um lado, uma escola violenta, excludente e retrógrada, e, do outro, a escola libertadora, transformadora, quiçá, revolucionária como nos propuseram Paulo Freire, a LDB e, consequentemente, a Lei nº 10.639/03, não encontraremos o eco necessário e suficiente para o devido enfrentamento do racismo que nos assola, considerando que a escola é uma parceira primordial na luta.[12]

1.4 A importância de superar um paradoxo

Ainda na esteira das práticas e posturas no ambiente educacional, propomos uma discussão a partir do que Oliveira (2015) denominou como "paradoxo do professor periférico". Acreditamos que a compreensão de tal paradoxo por parte das educadoras e dos educadores e, consequentemente, sua superação, possa viabilizar o cumprimento das legislações que vimos

---

12 Não temos a intenção de "eleger" a escola como a grande responsável pelas transformações que vislumbramos em nossa sociedade. No entanto, ela tem um papel central, haja vista o seu público-alvo que está em formação e que, a partir de uma "educação libertadora", será um importante aliado no enfrentamento às violências, em particular, ao racismo.

discutindo até o momento, ou seja, a obrigatoriedade de debatermos, de problematizarmos, de considerarmos os aspectos ligados às culturas africana e afro-brasileira junto às(aos) estudantes. No entanto, mais do que ser "legalista", é compreender a importância de termos intervenções curriculares que favoreçam uma educação com qualidade social para todas as pessoas.

Em sua pesquisa – tendo uma escola pública da rede municipal de São Paulo, localizada do extremo leste, como campo de investigação – Oliveira (2015), baseado em observações de sala de aula, em consulta de documentos e em entrevistas com professoras(es) e estudantes, defende que o "paradoxo do professor periférico" consiste em um movimento de "aproximação" e "afastamento" por parte das(os) profissionais em relação às(aos) estudantes.

Uma de suas constatações é que todas(os) as(os) profissionais entrevistadas(os) nasceram e ainda moram na periferia, estas características, em princípio, facilitariam as interações pedagógicas, haja vista que todas(os) – servidores e estudantes – vivenciaram e vivenciam, de certo modo, as especificidades e os desafios de uma comunidade periférica, embora possuam histórias distintas. "Considerar a origem social é, portanto, importante, mas não como carência e sim para entender esses processos de relacionamento com o saber" (Charlot, 2002, p. 28).

Oliveira (2015) destaca que todas as professoras e professores afirmaram que são provenientes de classes populares – aspecto compreensível, tendo em vista que, enquanto moradores da periferia, é pouco provável que tenham vindo de famílias abastadas. Segundo o pesquisador, era uma tentativa de se aproximar das crianças e dos adolescentes. Todavia:

> Este discurso que "aproxima" professor e aluno em relação às suas origens tem objetivos ainda incertos. Entretanto, um deles me parece apropriado: criar a sensação de que as crianças e adolescentes são responsáveis pelo seu fracasso escolar, bem como responsabilizar pais e responsáveis neste

processo. Expressões do tipo "também fui pobre, mas venci" tornam-se, a cada dia, mais frequentes quando se quer "culpabilizar" somente o "outro" pelas dificuldades encontradas em uma escola da periferia (Oliveira, 2015, p. 66).

Esse processo de culpabilização, cada vez mais recorrente nos ambientes escolares, cria resistentes barreiras em relação à discussão de uma escola inclusiva e calcada no princípio da equidade. Segundo Paulo Freire, o professor que não reflete sobre suas práticas coloca "fora de si a solução e as causas de seus males pedagógicos" (2011, p. 50). Cria-se então, de acordo com Oliveira (2015), a perspectiva, o imaginário de que os alunos não aprendem, não participam e não interagem, simplesmente porque não querem ("preguiçosos") ou pelo fato de que seus responsáveis não participam ativamente da vida escolar de suas filhas e filhos. Para Oliveira (2015, p. 67), muitas explicações, por parte da escola, "são generalizantes e, portanto, não contribuem na reflexão das complexas relações que há entre comunidade e escola, especialmente as periféricas".

O presente debate que vimos travando traz à baila uma outra discussão, um outro paradoxo. Embora não seja o nosso objetivo destrinchá-lo, é sempre prudente deixarmos na superfície a provocação que Dubet (2003) – um educador francês com estreitas relações com os contextos brasileiros – nos trouxe e que ainda reverbera nos embates educacionais acerca da escola pública:

> [...] a exclusão escolar é o resultado "normal" da extensão de uma escola democrática de massa que afirma ao mesmo tempo a igualdade dos indivíduos e a desigualdade de seus desempenhos. Nesse sentido, a escola integra mais e exclui mais que antes, apesar de seus princípios e de suas ideologias, e funciona cada vez mais como o mercado, que é, em

sua própria lógica, o princípio básico da integração e da exclusão (Dubet, 2003, p. 44).

Retornando aos aspectos que cercam o "paradoxo do professor periférico", Oliveira (2015) nos apresenta a contradição, ou seja, o "afastamento" da educadora e do educador em relação ao estudante. Segundo ele, por outro lado, quando se pensa em um currículo e uma postura que agreguem e "conversem" com as(os) educandas(os), que reconheçam a diversidade histórica presente na comunidade, que contemplem as características culturais que identificam estas crianças e adolescentes e que favoreçam o processo de ensino e aprendizagem em uma perspectiva inclusiva, surge um hiato na relação professor-aluno. Não há, nesta perspectiva, qualquer "identificação" com as crianças e os adolescentes, e estes, por sua vez, devem se adaptar àquilo que fora estabelecido e planejado.

De acordo com a investigação – que identifica onde cada entrevistada(o) residia à época, provando a proximidade geográfica com a comunidade escolar – as(os) educadoras(es) esquecem-se do fato de que moram próximos uns dos outros, que podem ser adeptos da mesma religião e que possam ter hábitos em comum. Nesse sentido, segundo Oliveira (2015, p. 66), "todas as características que os 'aproximam' são secundarizadas em relação às que os 'distanciam', evidenciando uma interação áspera entre aquele que professa e aquele que ouve".

Com efeito, entendemos por "paradoxo do professor periférico" um movimento que "aproxima" e "afasta" profissionais e estudantes, cotidianamente. São "próximos" quando o objetivo é justificar as dificuldades no processo educativo, ou seja, o fato de que professoras e professores vivenciaram as "mesmas" dificuldades dos(as) estudantes no passado cria uma expectativa de que tais crianças e adolescentes devam se portar, no presente, de maneira análoga. Ao mesmo tempo, "distantes", pois percebe-se que não há uma preocupação em aproximar o currículo das características históricas, sociais e culturais presentes na comunidade escolar.

Destarte, entendemos que a concretização dos princípios elencados pela Lei nº 10.639/03, ou seja, pela Lei de Diretrizes e Bases da Educação Nacional, no "chão da escola" passa – entre outros aspectos que não pudemos discutir com profundidade neste texto – pelo desenlace do *nó pedagógico*, pelo reconhecimento de que é preciso refletir acerca de uma pedagogia "violenta" que ainda transita pelos espaços educacionais, sejam públicos ou privados, e pela superação do "paradoxo do professor periférico".

1.5 O olhar do morcego enquanto didática antirracista

Os estudos ligados à Etnomatemática[13] apontam uma radicalização em relação à interpretação sobre o que historicamente entendemos por Matemática. Os currículos, influenciados por uma postura eurocêntrica e colonialista, sempre nos apresentaram, apenas, a racionalização, a exatidão, a perfeição dos conteúdos matemáticos, fundamentados, em grande medida, no que se convencionou pela *matemática grega*.

Não são raras as vezes em que ouvimos que a Grécia seria o *berço da matemática*, consequentemente, Pitágoras, Tales de Mileto, Arquimedes e outros, como sendo uma espécie de *pais da geometria*. Sem dúvida, tais filósofos matemáticos da Grécia antiga têm o seu estimado valor, e suas sistematizações e registros são de grande importância. Só não podemos esquecer que a pirâmide de Gizé, no continente africano, data de 2000 a.C.; a de La Venta, localizada no México, tem a sua idade estimada em 1000 a.C. Nesse sentido,

---

13 Não cabe neste escrito o devido aprofundamento do conceito, apenas como um ponto de partida para a "didática antirracista" que proporemos.

os gregos que viveram por volta de 350 a.C. não podem "ter fornecido" seus préstimos para os engenheiros egípcios e astecas. Por fim, a Etnomatemática propõe que não há uma *Matemática*, mas *etnomatemáticas*: a grega, a egípcia, a inca, a guarani-kaiowá etc.

Entendemos que a problematização que as educadoras etnomatemáticas sugerem em relação ao currículo matemático serve como perspectiva para pensarmos toda a proposta curricular vigente nas redes de ensino e, quem sabe, como mais um elemento para entendermos as razões pelas quais a Lei nº 10.639/03 "não pegou", como discutimos anteriormente. É importante ratificarmos que, por Currículo, não entendemos apenas o prescrito,[14] mas, fundamentalmente, as posturas e práticas por parte das educadoras e dos educadores frente ao racismo no contexto escolar, foco do presente debate.

Desse modo, entendemos que a educadora matemática portuguesa Teresa Vergani, a partir da discussão iniciada em **Educação Etnomatemática: o que é?** (2007), possibilita pensarmos a concretização de uma educação antirracista, por meio de uma ruptura radical em relação a didática e metodologia junto às(aos) estudantes e à comunidade como um todo, tendo a LDB – na sua integralidade – como eixo orientador.

De acordo com Vergani (2007), existem diferentes atitudes referenciais em face da educação matemática que se pratica nas escolas. Cada uma delas gera um processo específico de abordagem do conhecimento e define um tipo particular de ação. "Podemos dizer que estão em jogo várias modalidades de "fé", que se traduzem em olhares distintos sobre o sistema de valores a veicular" (Vergani, 2007, p. 11).

---

14 Recentemente, a rede municipal de ensino paulistana lançou o Currículo da Cidade – Educação Antirracista. Disponível em: https://acervodigital.sme.prefeitura.sp.gov.br/wp-content/uploads/2023/04/Curriculo-da-Cidade-Ed.-Antirracista.pdf. Acesso em: 12 mar. 2024.

1.6 O olhar dos pássaros: a fé na autorreferência

Para Vergani, a matemática é olhada à maneira de um "pássaro dourado" que cria o seu próprio céu, isto é, que autojustifica as suas próprias referências:

> O discurso que utiliza centra-se na autoridade da sua própria voz e exige dos alunos um conhecimento matemático tão "puro" quanto "rigoroso". A formalização dos conteúdos tem mais importância do que a situação psicossocial dos indivíduos em aprendizagem (Vergani, 2007, p. 11).

Esse tipo de ensino, ressalta a pesquisadora, é caracterizado por um isolamento altivo e por uma nítida supremacia das atividades intelectuais em face das outras atividades humanas. "Rigidamente centrado em si mesmo, é incapaz de se flexibilizar perante as diferentes situações contextuais" (Vergani, 2007, p. 11).

Esse olhar, definitivamente, é o que impede, entre outras questões, de desatarmos o "nó pedagógico" que vimos debatendo. Um olhar elitizado e uma postura tradicional que impedem o protagonismo da(o) estudante, impedem que as características históricas, sociais e culturais da comunidade escolar sejam propulsoras de um currículo emancipador, libertador. Para que as práticas antirracistas sejam incorporadas ao cotidiano escolar é fundamental que se estabeleça uma relação dialógica entre os indivíduos de uma escola revolucionária, de uma escola que combate o racismo. Portanto, superar a verticalização, a hierarquização, as relações de poder impostas por uma educação violenta que insiste em reverberar nos contextos educacionais passa por uma problematização referente ao "olhar dos pássaros".

1.7 O olhar dos ratinhos: a fé na participação

Ainda segundo Teresa Vergani (2007, p. 12), "estamos longe do olhar altivo dos pássaros [...] este tipo de estratégia lembra mais o olhar modesto, ativo e terra a terra dos ratinhos, que labutam por uma sobrevivência indissociável do chão que os alimenta".

Para a autora a dinâmica da participação que decorre deste olhar emerge sob a forma de tarefas programadas, ou projetos, que não separam a atividade racional da atividade manual nem do mundo exterior. Nesse sentido, as(os) estudantes "são equipados com a ferramenta matemática necessária para levarem a bom termo as tarefas pedidas, sem serem sobrecarregados com uma formalização rígida em termos de discurso matemático" (Vergani, 2007, p. 12).

A pesquisadora nos apresenta uma perspectiva que ratifica o que historicamente denominamos currículo neutro, que não possui a intencionalidade emancipadora, que não desperta o potencial crítico adormecido nas crianças e adolescentes que, muitas vezes, por terem uma origem periférica e vulnerável, são vistos como aculturados, marginalizados e preguiçosos, mecanismos perversos e sutis do racismo estrutural.

A matemática, assim como outras áreas do conhecimento, passa a ter, sob o "olhar dos ratinhos", um valor "utilitarista", de ordem prática, de caráter "menor". Diante o exposto, as práticas antirracistas não fazem qualquer sentido, não produzem o efeito esperado, pois passam à margem do que realmente "importa", ou seja, a execução, a "tarefa em dia", o algoritmo desenvolvido com mestria, o fazer, ao invés do pensar e agir.

1.8 O olhar dos morcegos:[15] a fé na emancipação

De acordo com Vergani, é o que concerne à educação etnomatemática, pois, reconhecendo o fenômeno universal dos processos de matematização, celebra a sua dignificação em todos os tipos de sociedade. Para ela:

> Induz, pois, a auto-estima [*sic*] e a autoconfiança nos alunos de qualquer cultura, quer vivam nos seus países de origem, quer residam (enquanto minorias socioculturais) em território estrangeiro [...] consciente de que a produção/difusão de conhecimentos é um processo que envolve a transformação dos mesmos, apela para a liberdade solidária, criativa e crítica que torna o indivíduo um interveniente socialmente ativo no domínio da construção coletiva evolutiva dos saberes (Vergani, 2007, p. 13).

O *olhar dos morcegos* é o amálgama, é o que, em certa medida, nos leva a desfazer o *nó pedagógico*; é o que move a educação revolucionária; é o que aponta para a superação do "paradoxo do professor periférico"; é o que "horizontaliza" as relações no "chão da escola"; é o que descortina os objetivos propostos pelas legislações antirracistas vigentes.

É imprescindível, segundo Vergani (2007, p. 13), que o(a) educador(a) utilize o "misterioso olhar híbrido dos morcegos, que se movem nas fronteiras claro-escuras dos tempos de transição".

Sejamos *morcegos*, sejamos antirracistas!

---

15 Os morcegos, segundo Teresa Vergani (2007, p. 13), "são particularmente acarinhados nas tradições africanas e protagonizam a sabedoria ancestral em diferentes narrativas orais".

1.9 Concluindo esta reflexão, perpetuando a luta

Nestas considerações finais de forma propositiva, gostaríamos de reforçar a potencialidade dos saberes docentes que se materializam em ações pedagógicas cotidianamente nos espaços escolares. Poderíamos aqui elencar uma série de exemplos de sucesso, na direção de ações isoladas que se querem antirracistas e, em grande medida, realmente o são. Porém, seria uma grande contradição de nossa parte, visto que depositamos toda nossa energia (física e intelectual) na construção de projetos educativos coletivos, coerentes com a concepção de que não existem soluções individuais.

Partimos do princípio de que o individualismo anda de mãos dadas com a meritocracia que, no sentido da nossa análise, representa a negação do racismo sustentada pelo mito da democracia racial.

> Em um país desigual como o Brasil, a meritocracia avaliza a desigualdade, a miséria e a violência, pois dificulta a tomada de posições políticas efetivas contra a discriminação racial, especialmente por parte do poder estatal. No contexto brasileiro o discurso da meritocracia é altamente racista, uma vez que promove a conformação ideológica dos indivíduos à desigualdade racial (Almeida, 2019, p. 82).

Nesse sentido, a construção de uma educação antirracista que confronta o individualismo meritocrático, um dos pilares do neoliberalismo, deve ser perseguida por todas as pessoas que se identificam com uma educação humanista, na perspectiva de Freire (2011).

Ball, Maguire e Braun (2021), ao analisarem as trajetórias da política e sua atuação nas escolas, concluem que algumas se tornam obrigatórias, outras, recomendadas, enquanto algumas são formuladas acima das escolas, mas outras são produzidas nas e pelas escolas. Em nossa percepção, essa última possibilidade representa um espaço autônomo que viabiliza a construção coletiva de um projeto de escola, que tenha como ponto central a realidade material da comunidade.

Os autores advertem para o fato de que as escolas possuem muitas políticas em circulação, que podem ser abordadas por diferentes grupos ou atores individuais, que as interpretam e atuam de diferentes formas, o que pode gerar contradições no trabalho pedagógico desenvolvido naquele ambiente. Como forma de superação dessa possível incoerência, defendem o mapeamento das "maneiras pelas quais as atuações de políticas são personificadas e os papéis desempenhados" (Ball; Maguire; Braun, 2021, p. 32), o que possibilitaria a construção de um trabalho coerente e orgânico.

Orientados nessa perspectiva, defendemos a organização do trabalho na escola a partir de um projeto único, coerente com a finalidade de uma educação inclusiva. Nesse sentido, baseamo-nos na assertiva de que a problematização do contexto no qual a escola está inserida, para a construção do PPP, favorece a consolidação de um trabalho coletivo. Nessa perspectiva tomamos o PPP como um documento vivo que

> tem a ver com a organização do trabalho pedagógico em dois níveis: com a organização da escola como um todo e como organização da sala de aula, incluindo sua relação com o concreto social imediato, procurando preservar a visão de totalidade. Nesse caminho será importante ressaltar que o projeto político-pedagógico busca a organização do trabalho pedagógico da escola na sua globalidade (Veiga, 1995, p. 14).

Diante do apresentado, é o PPP que irá reunir elementos e princípios que visam assegurar e legitimar o fazer antirracista. Será o principal documento orientador da comunidade escolar, o responsável pelas problematizações que culminarão no *olhar do morcego*.

Mais que um jogo de palavras, a metáfora propõe: uma guinada corajosa; uma ruptura de práticas e posturas que insistem em sustentar os pilares de uma escola conservadora, por sua vez, excludente e racista; estabelecer princípios – sejam os elencados pelas legislações, bem como os formulados coletivamente no contexto escolar – que darão os embasamentos necessários para as transformações almejadas; introduzir uma discussão permanente acerca das características históricas, sociais e culturais das pessoas que direta e indiretamente estabelecem interlocuções com o fazer/pensar pedagógico; por fim, possibilita edificar, tendo como parâmetro os currículos prescritos propostos pelas administrações, um Currículo próprio, que identifica a escola, que estabelece "linhas intransponíveis", que diz a que veio!

Ao longo de nossas formulações nunca afirmamos que a construção de práticas antirracistas é algo simples, nem poderíamos, haja vista os tentáculos racistas poderosos que nos cercam. Contudo, acreditamos que é possível avançarmos, que é possível criarmos estratégias que minimizem os impactos dos mecanismos neoliberais, que é possível mantermos viva a crença de que a escola possa ser libertadora, transformadora, quiçá revolucionária, como defendeu Paulo Freire: que os olhares dos pássaros, mediados pelos olhares dos ratos, possam atingir a habilidade híbrida dos morcegos.

Referências

ALMEIDA, S. L. de. **Racismo estrutural**. São Paulo: Pólen, 2019.

BALL, S. J.; MAGUIRE, M.; BRAUN, A. **Como as escolas fazem as políticas**. 2. ed. Ponta Grossa: Editora UEPG, 2021.

BRASIL. **Lei nº 9.394, de 20 de dezembro de 1996**. Estabelece as Diretrizes e Bases da Educação Nacional. Diário Oficial da União: Brasília, DF, Seção 1, p. 27833, 23 dez. 1996. Disponível em: https://bit.ly/3AR-No41. Acesso em: 14 mar. 2024.

BRASIL. **Lei nº 10.639, de 9 de janeiro de 2003**. Altera a Lei nº 9.394, de 20 de dezembro de 1996, que estabelece as diretrizes e bases da educação nacional, para incluir no currículo oficial da Rede de Ensino a obrigatoriedade da temática "História e Cultura Afro-Brasileira", e dá outras providências Diário Oficial da União: Brasília, DF, Seção 1, p. 1, 10 jan. 2003. Disponível em: https://bit.ly/3ARNo41. Acesso em: 14 mar. 2024.

BRASIL. Ministério da Educação. **Mulheres são maioria na docência e gestão da educação básica**. Notícias. 2023. Disponível em: https://www.gov.br/mec/pt-br/assuntos/noticias/2023/marco/dia-da-mulher-mulheres-sao-maioria-na-docencia-e-gestao-da-educacao-basica. Acesso em: 8 dez. 2024.

CHARLOT, B. Relação com a escola e o saber nos bairros populares. **Perspectiva**, Florianópolis, v. 20, n. Especial, p. 17-34, jul. 2002.

CONTRERAS, J. D. **A autonomia de professores**. São Paulo: Cortez, 2002.

DUBET, F. A escola e a exclusão. **Cadernos de Pesquisa**, São Paulo, n. 119, p. 29-45, 2003. Disponível em: https://publicacoes.fcc.org.br/cp/article/view/514. Acesso em: 14 mar. 2024.

FREIRE, P. **Pedagogia do oprimido**. Rio de Janeiro: Paz e Terra, 2011.

GONZALEZ, L. A categoria político-cultural da Amefricanidade. *In*: HOLLANDA, Heloisa Buarque (Org.). **Pensamento feminista:** conceitos fundamentais. Rio de Janeiro: Bazar do Tempo, 2019.

LOPES, A. C.; MACEDO, E. Em defesa das escolas como produtoras de políticas. *In*: BALL, S. J.; MAGUIRE, M.; BRAUN, A. **Como as escolas fazem as políticas**. 2. ed. Ponta Grossa: Editora UEPG, 2021.

MAINARDES, J. Abordagem do ciclo de políticas: uma contribuição para a análise de políticas educacionais. **Educ. Soc.**, Campinas, v. 27, n. 94, p. 47-69, jan./abr. 2006.

OLIVEIRA, A. C. G. G. de. **Poder e aprendizado:** histórias de uma escola periférica. Dissertação (Mestrado em Filosofia). 2015. Escola de Artes, Ciências e Humanidades da Universidade de São Paulo. São Paulo, 2015.

SÃO PAULO [Estado]. **CURRÍCULO DA CIDADE ORIENTA-ÇÕES PEDAGÓGICAS: POVOS AFRO-BRASILEIROS**. 2022. Disponível em: https://acervodigital.sme.prefeitura.sp.gov.br/wp-content/uploads/2023/04/Curriculo-da-Cidade-Ed.-Antirracista.pdf. Acesso em 09 dez. 2024.

VEIGA, I. P. A. **Projeto político-pedagógico da escola:** uma construção possível. 12. ed. Campinas: Papirus, 1995.

VERGANI, T. **Educação etnomatemática**: o que é?. Natal: Flecha do Tempo, 2007.

Capítulo 2

DIVERSIDADES DIDÁTICAS NA EDUCAÇÃO ÉTNICO-RACIAL: EXPERIÊNCIAS QUE "NOS PASSAM" E SEGUEM PRODUZINDO INQUIETAÇÕES

Taís Cristine Fernandes Batista
Edla Eggert

2.1 Introdução

O texto que segue compartilha experiências de duas professoras que se apoiam em Jorge Larossa Bondia, quando este nos diz que o sujeito da experiência é única e exclusivamente aquele que é atravessado por ela. Não aquele que contempla ou que ouve narrativas sobre, mas quem as vivenciou e conta sobre essa experiência.

Se escutamos em espanhol, nessa língua em que a experiência é "o que nos passa", o sujeito da experiência seria algo como um território de passagem, algo como uma superfície sensível que aquilo que acontece afeta de algum modo, produz alguns afetos, inscreve algumas marcas, deixa alguns vestígios, alguns efeitos (Bondia, 2002, p. 21).

Construímos uma escrita plural tramada em fios bem diversos. Nossos antepassados cruzaram o mesmo mar, uns vindo do Norte, outros do Leste, fomos constituídas aqui, em terras brasileiras por este misto de culturas, tempos, territórios e hereditariedades. Experiência ímpar é poder recontar o cruzamento desses caminhos e acompanhar alguns passos junto de quem possui objetivos e valores comuns na luta antirracista.

> É experiência aquilo que "nos passa", ou que nos toca, ou que nos acontece, e ao nos passar nos forma e nos transforma. Somente o sujeito da experiência está, portanto, aberto à sua própria transformação (Bondia, 2002, p. 21).

A estrutura do nosso texto passa pela narrativa singular de cada uma de nós, percebendo-se antirracista, passando por um recorte de didáticas na experiência docente.

2.2 Diversidade étnica brasileira – recortes de um cotidiano

Um texto clássico da literatura infantil brasileira, o livro **Menina bonita do laço de fita**, escrito por Ana Maria Machado, nos fala sobre etnia e hereditariedade. No enredo, dois personagens principais, um coelho branco e uma menina negra. O primeiro, é apaixonado pela beleza negra, tem sonhos de tornar-se negro, mas não compreende como se dá a negritude. A criança e o coelho se tornam amigos; em suas conversas, o coelho ouve da menina várias histórias mirabolantes sobre como deveria proceder para realizar o desejo de ter a pele negra. As soluções da menina, fruto da pura imaginação infantil, passam por tomar café, comer jabuticaba e tomar banho de tinta preta. Depois de aplicações sem sucesso, o coelho descobre, a partir da mãe da menina, o que ocorre na família: uma questão hereditária. A negritude da menina é herança materna, sendo assim, o sonho de negritude do coelhinho branco precisa encontrar outras formas de aproximação. O casamento inter-racial, entre ele e uma coelhinha preta, é a aposta da autora para um final feliz.

Com essa narrativa, Ana Maria Machado nos possibilita abordar com as crianças temas pluriétnicos, além de apresentar e explicar a miscigenação e a hereditariedade.

No Brasil, a diversidade étnica impera. Por mais que os desejos por uma outra realidade tida como o padrão ideal, a branquitude, seja historicamente desejada.

Assim como na maior parte das famílias em que os livros infantis são paixões, na minha não foi diferente, os livros passavam de criança para criança como preciosos tesouros. A cada contação de história junto às minhas filhas, antes de dormir, ou ao longo do dia, os livros cumpriam seu papel na promoção de boas conversas, reflexões, encantamentos. No entanto, existe sempre um momento, ao longo do desenvolvimento das crianças, em que elas fogem da curva, momentos em que "o esperado" não se apresenta. Em uma noite, em minha casa, foi assim. Fui ler para minha filha mais nova um livro que tinha pertencido à minha filha mais velha, justamente o livro citado na introdução deste texto, **Menina bonita do laço de fita**. Naquela noite a leitura do livro ocorreu de modo "automático", o dia de trabalho tinha sido intenso. No entanto, é preciso lembrar que, para crianças, boas histórias sempre encontram aderência, mesmo se lidas de forma mais "rápida".

Minha filha, com quatro anos na ocasião, depois de ouvir atentamente toda a história, e seu "final hereditário" – a conclusão de que a menina é negra, pois se parece com a mãe, que se parece com a avó etc. – me olha, e com os olhos marejados, diz: "eu não sou pretinha, não pareço contigo. Quero ser pretinha!". Nesse momento, chora. De fato, Anita em absolutamente nada se parece comigo, fruto de um casamento inter-racial (mãe negra, pai branco), nasceu com todos os traços físicos da família paterna. Ao contrário da irmã mais velha, que se parece comigo e que, por isso, havia me motivado a comprar o livro. Éramos uma família multiétnica, e eu não havia me dado conta de que essa questão não estava colocada para ela.

Os relacionamentos inter-raciais são uma realidade na sociedade brasileira. Deles nascem as crianças, que, de forma diversa, constituem uma "paleta de cores" tão linda quanto desafiadora, para pensar a educação para as relações étnico-raciais. Dar-se conta deste desafio é o ponto inicial em qualquer trabalho pedagógico. A abordagem social e/ou educacional que não assuma esta realidade como temática que atravessa de forma transversal todo o currículo escolar pode levar à ocorrência de diferentes tipos de violências, de *bullying* e até mesmo da evasão escolar. Ignorar a diversidade étnico-cultural como elemento central e necessário ao processo educativo da população brasileira nos segrega, aparta, dissocia, violenta.

Refletindo sobre a situação vivenciada com minha filha, percebo o quanto de atenção é preciso ter, todo o tempo e em todas as relações, mesmo nos recônditos da vida privada, mesmo quando acreditamos estar preparadas e conscientes. A afirmação de Anita "não sou pretinha! Quero ser como tu!" pode ser trabalhada, historicizada e dialogada. Fomos buscar álbuns e fotos de família, e de toda esta conversa surgiram outras lindas histórias de além-mar. Assim como nos diferentes volumes da coleção **Histórias da vida privada no Brasil**, compreendo aqui que é possível enquadrar as múltiplas experiências da privacidade em um todo maior da sociedade e da cultura brasileira.

No entanto, enquanto professora, compreendo o desafio de se trabalhar a Educação para Relações Étnico-Raciais (ERER) em escala, com pouco tempo, pouca remuneração, muitas vezes sem recursos, sem a parceria dos colegas e/ou o apoio da direção e da equipe pedagógica. Nesse sentido, as ações de formação continuada, assim como disciplinas (como as que serão exemplificadas mais adiante), compõem estratégias de ação cruciais para a compreensão de uma sociedade plural, mais justa e igualitária.

2.3 A herança da educação racista – recorte narrativo da branquitude

É preciso falar e escrever sobre ser branca em um país racista como o Brasil. Isso requer contar (escovar) a história a "contrapelo", como disse/escreveu Walter Benjamin (1996). Rememorar é trazer para o presente coisas que elegemos de serem possíveis e viáveis de serem recontadas. E nesse caso da rememoração do que é ser bisneta de colonizadores do além-mar, de um grupo chamado genericamente de "alemães" que chegou no Brasil no ano de 1866 de uma terra ainda não chamada de Alemanha, pois era composto de grupos étnicos da região do Mar Báltico intitulados uma espécie de meeiros, ou o que também podemos chamar de "sem terra" que trabalhavam por empreitada e depois seguiam adiante. Componho esse recorte de famílias que se desfizeram do pouco que tinham e embarcaram com uma passagem somente de ida ao país que prometia riqueza e vida em abundância.[16]

---

16 Astrid Eggert Boehs, uma das minhas irmãs, e segunda filha de sete filhos, pesquisa a história dos trajetos da imigração das famílias Eggert e Maas, respectivamente famílias de meu pai e minha mãe. Em seu livro **Uma família, tempos, movimentos e espaços** (2003), ela descreve parte desses caminhos. Sobre a imigração de alemães luteranos no Brasil, ver em especial, Martin Dreher (1984).

Foi em Santa Catarina, Jaraguá do Sul, no município onde vivi até meus 18 anos, e onde, nos últimos tempos, percebo as nuances da colonialidade[17] presente na postura familiar, bem como na organização comunitária local desse município que compõe, junto a outros, o "berço" da colonização alemã, nos estados do sul. Nesse contexto, a participação da igreja luterana veio de diversas partes da Alemanha ainda não unificada, pois isso somente ocorreu no ano de 1870, e inaugurou o fluxo imigratório desse grupo em terras tupiniquins a partir de 1824.

Da família que chegou em 1866, meu bisavô paterno veio com 15 anos com seus pais e outros irmãos mais novos. Segundo relatos, houve uma irmãzinha que foi registrada na entrada do navio e não mais registrada quando chegaram ao país das promessas, sinal de que foi lançada ao mar como milhares de tantas crianças e gentes brancas e negras nesse intenso mareio de navegação.

Karl Eggert foi um jovem que, segundo os registros de Astrid Eggert (2003), foi um ativo líder. Depois de casado, virou juiz de paz nas imediações onde se instalou em Jaraguá do Sul. Esse trabalho sem paga era feito nas horas vagas, pois seu sustento se dava na produção de cana-de-açúcar, cachaça no seu alambique, além da produção de leite e verduras em geral para consumo familiar e venda de excedente. A escola erigida pela comunidade luterana garantiu o domínio das letras por um tempo em alemão e, na sequência, em português. A leitura, lembro bem, tinha versões de jornais em alemão e português, assim como a bíblia e os hinários sempre nas duas línguas. O contraponto a ser feito, nesta narrativa, é que ser branco e homem heterossexual era elemento de

---

17 A colonialidade é entendida como sendo a introjeção e automatização da condição de ser colonizada interagindo de modo subserviente ao que fomos reduzidos como colônia, povo dependente e sujeito aos mandos de fora, de cima, do melhor. Leituras que temos feito sobre o tema remetem desde os argumentos de Maria Lugones (2008), que relaciona colonialidade e gênero até textos que discutem a colonilidade e o racismo (Quijano, 2005), assim como reflexões um pouco mais presentes de profissionais do campo da psicologia social e da psicanálise, que tem enfrentado o racismo simbolicamente posto na estrutura social enraizado e simultaneamente invisibilizado, conforme Camila Ferreira Sales (2023).

segurança e garantias. Ainda mais quando existia alguma garantia de terra comprada, como foi o caso. Tornar-se juiz de paz significa poder de decisão.

E como bem sinalizam estudiosos da escola dos *annales*, não se pode simplificar e tornar abstrato algo que é situado historicamente, assim também no interior desses grupos aparentemente homogêneos, houve singularidades. Lembrei que uma tia, casada com um irmão da minha mãe, não podia ter filhos biológicos e adotou duas crianças negras, um menino e uma menina. Enfrentou seu núcleo familiar abrindo um primeiro confronto étnico-racial, e foi com essa prima e esse primo que minhas irmãs e eu brincávamos em finais de semana. Simultânea e paradoxalmente meus pais chamavam atenção para exemplos de "gente preguiçosa", vizinhos indígenas, que frequentavam a mesma escola pública, nos anos de 1971 a 1974.

A vinda de imigrantes ao Brasil, a partir de 1824, tinha o objetivo de "branquear" a mão de obra escravizada (Santos, 2012), e com essa política o país foi confrontado com as múltiplas populações vindas dos territórios germânicos que traziam marcas da fé evangélica protestante de procedências diversas, como os reformados, os unidos ou os luteranos (Portella, 2006). Ou seja, após a divisão do Cristianismo em católicos e protestantes, no século XVI, o mundo protestante foi capilarizando espaços e domínios à medida que príncipes e nobres aderiam à nova religião cristã. Portanto, esse povo que chegava nas Américas vinha de adesões religiosas muitas vezes forçadas, pois, a cada novo poder local, novos acordos religiosos também aconteciam. Nesse contexto é que o grupo étnico chamado "pomeranos" pode ser incluído, devido às muitas dominações que sofreu nas suas terras que davam saída para o Mar Báltico.

A família de meu pai, assim como a de minha mãe eram oriundas desse grupo de pomeranos. Embora o grupo familiar paterno fosse mais bem estabelecido, no aspecto cultural, possuíam longínquas tradições pomeranas marginais, como as "cartas dos padrinhos", que consistiam em lembranças dadas às crianças no dia do batizado com pequenos amuletos para darem sorte e guiarem a vida dos rebentos. Coisa proibida pela tradição teológica luterana da Igreja Imigrante. Essas memórias podem nos aproximar de muitas misturas produzidas na *terra brasilis*.

Como parte da terceira geração no além-mar, sou testemunha de um discurso meritocrático que me rodeou desde pequena até meus 18 anos: a de que éramos imigrantes, e que havia "os brasileiros" e nós, éramos os "alemães". Essa memória dialoga com Lélia Gonzalez (2022), que analisa o quanto as práticas discriminatórias fortaleceram a branquitude.

Hoje em dia percebo que esse discurso da branquitude começou a ser questionado quando fui morar em Lages, SC. Desmantelava-se nesse novo lugar, uma série de "verdades", em especial porque, na década de 1980 do século XX, vivíamos o final da ditadura militar e, em Lages, havia grupos vinculados às resistências, como um grupo de teatro que conheci e do qual participei nos anos de 1985 e 1986, ano da formatura no curso noturno de Pedagogia, na Universidade do Planalto Catarinense. E eu encontrava-me pela primeira vez em "minoria" com culturas contrastantes da tradição europeia intitulada em Lages como "Os Serra Abaixo". Conhecer o planalto catarinense me fez ver que havia mais horizontes a serem conhecidos neste país, mas, nem por isso, menos racistas.

2.4 Recortes experienciais didáticos de ERER para a formação cidadã

Quem nos ensinou a "dar" aula do "nosso" jeito? Essa pergunta foi feita pelo professor António Nóvoa em curso realizado no Brasil em 2019 e sempre nos inquieta em todos os planejamentos.

Consideramos que pensar e construir propostas de formação docente é uma possibilidade para que cada um de nós (re)pense o modo como se deu sua própria formação (e sua história de vida). Estamos, enquanto sujeitos históricos, inseridos em um contexto político, econômico e social que busca nos moldar. Reconhecer o que nos identifica, os trajetos que percorremos e, especialmente, o que constitui nossa experiência acadêmica e profissional é fundamental para avaliar o nosso fazer e também o que propomos ao longo das formações de professores. Nossas experiências são o que nos constitui. Experiência é sempre e imediatamente já interpretada e algo que precisa de interpretação (Scott, 1998).

Assim, a partir de agora, o texto fluirá de forma descritiva, com um compartilhar de algumas análises sobre alguns dos nossos percursos formativos enquanto professoras que somos. Primeiramente a professora Taís descreve e analisa aspectos escolhidos para este texto e, na sequência, a professora Edla compartilha aspectos da implantação e do manejo de uma disciplina *online* para a graduação.

2.5 As mulheres negras autoras e como é possível ensinar antirracismo para a Educação Básica

Ingressei na educação básica aos quatro anos de idade, era início do ano de 1986. Já se vão mais de 30 anos ocupando diferentes lugares dentro do universo educacional. No mês de março de 2024, uma colega, que está organizando um jornal, me entrevistou. A primeira pergunta buscava saber sobre a experiência de leitura de mulheres negras ao longo da minha formação. Nesse momento, e só nesse momento, dei-me conta do quanto alguns processos são recentes para mim. Ler literatura produzida por mulheres negras, por exemplo, é um deles. Responsabilidade individual ou realidade que reflete um contexto? A primeira escritora negra que li foi Taiye Selasi (2019), em seu livro **Adeus, Gana**. Taiye é uma autora que sai do lugar comum.

Compartilha sua experiência de mulher negra. É uma experiência poliglota, diplomada, cosmopolita, é a experiência de gerações que superam a cada dia os limites impostos pelo racismo e pela segregação. Sinto falta da circulação destas referências no Brasil, é muito difícil ler (ou ver) exclusivamente as memórias de dor, de dificuldade, de falta ou de histórias de superação vinculadas exclusivamente à prática esportiva e de ações de corporeidade (dança ou capoeira, por exemplo). Em outra questão, perguntava sobre como garantir acesso à literatura negra? Na educação básica, esse acesso pode ser dado a partir da aplicação real, efetiva, integral e transversal das legislações que já existem (Lei nº 10.639 por exemplo). A leitura de escritoras negras, por exemplo, nos permite acesso, mesmo que indiretamente, aos valores civilizatórios africanos, dentre muitas outras questões. As narrativas produzidas a partir do ponto de vista da cultura negra e indígena podem contribuir com a ampliação de pertencimento e valorização das referidas culturas por parte de estudantes negros e indígenas. Quando leio a biografia de Viola Davis (atriz), Martin Luther King (liderança política) e Carolina Maria de Jesus (escritora brasileira), compreendo suas experiências de miséria, vulnerabilidade e lutas contra o racismo, percebo que o legado da escravidão, no Brasil ou na América do Norte, possui consequências que se equivalem. Ler Carolina Maria de Jesus é perceber o quanto a ausência de um capital cultural dentro dos moldes estabelecidos pela elite branca e hegemônica e o racismo atravessaram sua vida e carreira e, ainda hoje, buscam invisibilizar seu legado.

Os trechos da entrevista que destaquei me ajudaram a perceber as ausências ao longo da minha formação, mas também os avanços educacionais resultantes do trabalho para as ERER na educação básica. O exemplo que segue representa um destes avanços. Além das legislações que buscam estimular e garantir o ensino da cultura afro-indígena no Brasil, muitas outras ações de promoção do debate e sensibilização são cotidianamente construídas pelos diversos grupos que de forma consciente trabalham em prol da redução das desigualdades, como os Núcleos de Estudo Afro-Brasileiros e Indígena (NEABI), inseridos em muitas universidades e Institutos Federais pelo Brasil.

A imagem que segue é exemplo de um evento promovido por um NEABI no ano de 2024.

Figura 2.1 – Convite para evento.

Fonte: *Site* IFRS – *Campus* Porto Alegre.

O convite para o evento tem a seguinte redação:

O NEABI do *Campus* Porto Alegre do IFRS, dentro da sua proposta de atividades voltadas para a formação, discussão e promoção da Educação das e para Relações Étnico-Raciais (ERER), dá início a uma série de encontros sobre o tema, intitulados "Conversando sobre ERER", que serão rodas de construção e debate sobre questões cotidianas ligadas à educação antirracista. Nesta primeira roda, o Coletivo Pretas & Profs (uma associação de professoras negras da rede municipal de Guaíba), que possui representantes entre os membros deste colegiado, vai debater as possibilidades da inclusão da ERER em temáticas cotidianas escolares apresentando sua proposta de "calendário" de ações afirmativas com provocações acerca de conteúdos e abordagens metodológicas capazes de efetivar a ERER nas diversas disciplinas da escola regular de educação básica, problematizando o currículo festivo e as abordagens permanentes. Haverá espaço para discussão e trocas de experiências entre os participantes. O evento é gratuito e haverá certificação.

Esse exemplo é um dentre as dezenas que circulam pelos grupos de Graduação e Pós-Graduação das Universidades brasileiras. A questão central colocada no cartaz apresenta a organização contra tendências que, mesmo após 20 anos de promulgação das principais legislações, ainda persistem, ou seja, o convite para reflexão sobre as temáticas afro-indígenas acontece apenas em datas comemorativas (20 de novembro e 19 de abril, respectivamente dia da Consciência negra e Dia do Índio).

Sou licenciada em História, nos últimos quase 20 anos em que estou formada vivi muitas experiências educacionais, em diferentes frentes de atuação. Em sala de aula, tanto na vivência como aluna quanto como professora, tudo tem girado em torno da produção de experiências pedagógicas. Dentro deste escopo, em alguns momentos, atuo também como instrutora, facilitadora e produtora de conteúdo para diferentes empresas, realizando formações e produzindo conteúdo para cursos de formação de professores.

Compartilho aqui uma experiência realizada no ano de 2023 junto à rede municipal de ensino de um município do interior do estado do RS. Na ocasião, fui contratada, em parceria com uma colega para formular conteúdo e ministrar uma formação de 40 horas sobre ERER. A contratação e a encomenda por parte dessa Secretaria Municipal de Educação do município já apontavam alguns dos atravessamentos e das "incompreensões com relação à temática das relações étnico-raciais. O desejo dos coordenadores municipais era de que apenas os(as) professores(as) de História e Geografia realizassem a formação. Em diálogo com a empresa prestadora de serviço, sinalizamos que era necessário considerar a transversalidade da temática ao longo do currículo de toda a educação básica, assim como o necessário trabalho inter, multi e transdisciplinar. Após alinhamentos conseguimos demonstrar a necessidade de que profissionais de diferentes áreas do conhecimento e de diferentes etapas do Ensino Fundamental participassem da formação. Obviamente, isto exigiu um grande esforço metodológico, em termos de planejamento e produção, considerando os diferentes níveis e áreas de atuação. Compartilho a seguir algumas das principais estratégias construídas para o desenvolvimento do trabalho com este grupo.[18]

As proposições estruturam-se a partir de dois eixos, definidos com essa nomenclatura para que o leitor possa compreender melhor o caminho que trilhamos: a) conheça e identifique; b) conheça, proponha e compartilhe.

a) Conheça e identifique

A cada encontro os cursistas foram convidados a um momento de sensibilização e contextualização para o tema da ERER. A cada encontro diferentes estratégias, músicas, poesias, literaturas etc. Cada tréplica ou estranhamento era também um indicativo de ajuste necessário ou não ao que

---

18 Esta escolha foi feita pois não seria viável, e tampouco é o objetivo aqui, transcrever todo o desenvolvimento do curso, fato que envolveria todo o detalhamento em cada uma das atividades propostas.

havíamos programado. A cada encontro conheciam e acessavam materiais e fontes[19] apresentados pelos formadores e também trazido por eles. Uma das premissas do trabalho realizado residiu no compromisso em informar sobre a necessidade e a importância de se conhecer e buscar sempre fontes de pesquisa confiáveis, o Brasil tem sofrido severas consequências devido à ocorrência de *fake news*. Essas ocorrências atingem de forma violenta famílias, escolas e estudantes em especial.

A atividade central do eixo "Conheça e identifique" consistiu em convidar os(as) professores(as) a realizarem um levantamento sobre o acervo literário e os recursos pedagógicos (brinquedos, dentre outros) disponibilizados aos estudantes pela escola. Especialmente os(as) professores(as) da educação infantil foram convidados a observar os brinquedos (instrumentos musicais, bonecas e jogos) que contemplassem a diversidade étnica. A pergunta central da proposta é: a escola de vocês possui recursos pedagógicos que contemplem a diversidade? Caso não, reflita, você utiliza as possibilidades que tem para solicitar recursos a partir de um olhar inclusivo e diverso? Questões como esta nos auxiliam a observar que mudanças com relação à ERER precisam ocorrer na concepção de todos os indivíduos que participam dos processos educacionais.

Com relação aos professores dos outros níveis, o convite teve ênfase na observância das literaturas disponíveis, sendo elas científicas ou não. A atividade foi chamada de mapeamento de acervo:

- Quantos livros compõem o acervo da biblioteca da sua escola?
- Quais deles podem ser diretamente utilizados para abordar a questão das relações étnico-raciais?
- Existem instrumentos musicais disponíveis que contemplem diferentes culturas?

---

19 Materiais formulados pela ONU, *sites* e trabalhos de ativistas brasileiros, literaturas com ênfase na educação para as relações étnico-raciais.

Essa atividade rendeu ótimos diagnósticos e debates com o grupo de docentes. Com um tempo de distância entre um encontro e outros os(as) participantes puderam se aproximar dos recursos disponíveis nas suas respectivas escolas. Com relação aos resultados, alguns pontos chamam atenção: a) a ausência de bonecas negras dentro do ambiente da educação infantil foi a constatação mais apresentada; b) dentre os livros infantis, apenas um ou dois tendiam a compor o acervo das escolas; c) quanto aos livros de área (História e Geografia, especialmente), não havia registros de livros específicos sobre o continente africano. O movimento na direção de um diagnóstico foi muito potente, demonstrou especialmente o quanto a diversidade precisa ser um tema transversal, todos nas escolas precisam se observar como sujeitos capazes de contribuir com o respeito e a valorização das diferentes culturas.

b) Conheça, proponha e compartilhe

Ao longo dos encontros, e a partir das referências disponibilizadas, os cursistas foram conhecendo e (re)conhecendo muitas possibilidades de trabalho para ERER a partir de diferentes personalidades e fontes de pesquisa. Frente a esta oportunidade foram convidados(as) a selecionar, dentro de uma perspectiva de trabalho com a Base Nacional Comum Curricular (BNCC), competências, habilidades e objetos do conhecimento a serem trabalhados a partir de uma perspectiva da diversidade. Por exemplo: para trabalhar em Geografia o processo de urbanização ou o de favelização em São Paulo, a obra da escritora Carolina Maria de Jesus, **Quarto de despejo**. Pode ser feita a leitura de trechos ou a versão adaptada para crianças. Considerar a diversidade significa recolocar em nossas narrativas as falas e participações de todos(as) aqueles(as) que foram silenciados(as). Os cursistas foram convidados a, no encontro seguinte, compartilhar com os colegas os materiais didáticos produzidos (aulas, propostas de projetos ou outras ideias). A proposta inicial, de que a formação estivesse aberta a professores de todas as áreas (Ciências da Natureza e suas Tecnologias,

Linguagens, Ciências Humanas e Matemática), encontrou um de seus pontos altos nesse momento de compartilhamento, cada participante foi apresentando as conexões que os colegas haviam estruturado podendo perceber assim a forma como o compromisso com a ERER precisa ser de todos.

As diferentes configurações de carga horária estabelecidas pelos currículos brasileiros ao longo de toda educação básica, assim como as diferentes estratégias de encontro entre docentes e equipes escolares, geralmente inviabilizam as trocas entre colegas de áreas diferentes e até mesmo de área e componentes correlatas. O momento de formação continuada é, ou melhor, precisa constituir-se, também, como uma oportunidade de escuta ativa entre pares. As graduações possuem como configuração geral um convite profundo em determinada área do conhecimento. Saídos da graduação, a tendência é que os professores diminuam a incidência de reflexão sobre outras áreas. À medida que as apresentações ocorriam, revelavam-se possibilidades de inclusão de outras referências. O cinema, ou melhor, nossa proposta de construção coletiva de uma cinemateca afro-indígena, constituiu-se ao longo desta formação como um elemento muito potente de contextualização e sensibilização. Filmes e séries como "Estrelas além do tempo" (2016), "Madam C. J. Walker" (série de 2020), "Histórias cruzadas" (2011), "Mulher Rei" (2022), "Medida provisória" (2022), "Pelé – Nascimento de uma lenda" (2017), "M8 – quando a morte socorre a vida" (2020), dentre muitos outros produzidos pelas indústrias cinematográficas brasileira e internacional permitem perceber a partir de outras narrativas as participações e os silenciamentos, e as potentes contribuições que as diferentes culturas poderiam ter se fossem consideradas. Com relação à cultura indígena, as possibilidades de imersão e (re)conhecimento possuem, ao menos por enquanto, um fôlego maior nas literaturas produzidas por indígenas de diferentes etnias. "A queda do céu", de Davi Kopenaua, ou "Ideias para adiar o fim do mundo" são exemplos de possibilidades de aproximação com as diferentes culturas a partir das diferentes áreas do conhecimento.

2.6 A presença de uma disciplina de divulgação do tema antirracista aberta em cursos de graduação

A presença exclusiva de uma disciplina com o objetivo de elucidar o tema do racismo ainda não é usual nos currículos das graduações que formam licenciados e preparam profissionais em todos os campos do conhecimento. Apresentamos aqui a experiência de uma universidade particular do Rio Grande do Sul, em Porto Alegre, que tem ofertado uma disciplina totalmente *online* com o tema das Relações Étnico-Raciais[20] aberta a todos os cursos de graduação. A cada ano o número de estudantes matriculados passa de 200. Observamos que esse número acontece devido ao fato de a disciplina ser ofertada na modalidade *online*. Ela foi planejada entre 2018 e 2019 e iniciou sua primeira turma em 2020. Era uma disciplina que, até o ano de 2019, era ofertada no formato presencial. Após 2020, foi ampliada para todos os cursos nos formatos eletivo e *online*. E ela acompanha os índices de aproveitamento das outras ofertas de disciplinas neste mesmo formato, segundo a Lei nº 9.057/2017.[21] Essa oferta pode parecer significativa em função da capilaridade que possui.

---

20 O nome da disciplina é Relações Étnico-Raciais, ela não possui a palavra "Educação" como está posta nas propostas existentes de modo geral. Chamamos atenção para esse detalhe, pois merece uma reflexão junto ao grupo que tem fomentado essa disciplina naquela universidade.

21 Publicado na edição do **Diário Oficial da União** desta sexta, 26, que atualiza a legislação sobre o tema e regulamenta a Educação a Distância no país, define, ainda, que a oferta de pós-graduação *lato sensu* EaD fica autorizada para as instituições de ensino superior que obtêm o credenciamento EaD, sem necessidade de credenciamento específico, tal como a modalidade presencial. Disponível em: http://portal.mec.gov.br/ultimas-noticias/212-educacao-superior-1690610854/49321-mec-atualiza-legislacao-que-regulamenta-educacao-a-distancia-no-pais.

A estrutura geral da disciplina tem na ementa a seguinte descrição:

> Estudo das desigualdades étnico-raciais e o impacto na construção da identidade dos sujeitos. Debate sobre a questão étnico-racial na formação sócio-histórica do Brasil. Análise dos dispositivos legais que amparam as políticas públicas e de ações afirmativas. Discussão sobre as ações educativas e sociais de combate ao racismo e promoção da igualdade étnico-racial.

Os objetivos buscam "Identificar no cotidiano das relações sociais as diferentes formas de racismo a fim de desconstruir a naturalização das desigualdades étnico-raciais"; "Analisar o discurso público, veiculado pela mídia, na reprodução da desigualdade étnica e racial e que encobrem relações de poder e dominância na sociedade"; "Identificar as ações afirmativas, seus respectivos dispositivos legais que representam a garantia de direitos nas políticas públicas sociais, bem como os movimentos sociais e culturais que mobilizam formas de resistência ao combate e à discriminação étnico-racial"; "Reconhecer que a dignidade humana é o processo de luta pela realização do sujeito de direitos que passa pela descolonização, direitos humanos e interculturalismo".

Tenho observado que, em boa medida, ofertas com esse tema acabam indo ao encontro de estudantes que possuem algum interesse e/ou sensibilização para a temática e que não encontraram vazão na grade curricular de seus cursos de origem. Mas há também estudantes que optam por cursar a disciplina como uma forma de fazer um "tira-teima" sobre o tema. Ou seja, é possível encontrar nos depoimentos e reflexões nas atividades *online* propostas, um discurso ainda com a negação do horror que a colonização europeia produziu no continente povoado com seus grupos originários e as distintas formas de manutenção da cultura escravista na América Latina e no Brasil, em especial. E há também um grupo de estudantes negros que, ao cursar a disciplina, apresenta denúncias e aprofundamentos dos temas apresentados nas unidades.

O fato de estar responsável por essa disciplina na graduação com o tema das Relações Étnico-Raciais tem me desafiado a pensar sobre a necessidade de ampliar esse debate, considerando que a graduação, por ser um período de descobertas por parte dos estudantes, é também um momento de estímulo para o convívio em sociedade a partir da sua área de pesquisa. Nisso a disciplina, por ser *online*, individualiza o processo e dificulta o debate. As informações sobre ERER me parecem exigir interação social, pois o conteúdo estimula a reflexão antirracista, mas, se não podemos interagir, fica faltando o fator dialógico.

Em suma, é possível considerar esse tipo de oferta de disciplina no currículo como uma estratégia de divulgação de conhecimento, especialmente se considerarmos sua capilaridade, mas a interação fica devendo, pois o conteúdo é individualizado.

2.7 (In)Conclusões

Nosso texto buscou compartilhar experiências de diferentes ordens que tentam propiciar a quem ler uma compreensão sobre a complexa realidade brasileira no tema do racismo. Embora tenhamos noção de onde é preciso chegar, em termos de igualdade, equidade e justiça, em termos de uma abordagem multiétnica, multidisciplinar e diversa etnicamente, o desafio é cotidiano e subjetivo na medida em que essa dramática se apresenta no íntimo dos nossos lares, e **ainda** estamos muito distantes de um preparo formador antirracista nas escolas.

Nossas narrativas didáticas individuais buscaram expressar as diferenças de miradas desde nossos "lugares de fala", uma mulher negra consciente da sua cidadania e de seus direitos, reconhecedora da história ainda invisibilizada, mas potente; e uma mulher branca cúmplice e solidária das lutas por justiça racial e de gênero, consciente da branquitude que sistematicamente invisibiliza a opressão vivida pelas pessoas negras em nosso país.

Com relação aos materiais e às experiências citados aqui, buscamos considerar que é possível enxergar protagonismos em diferentes espaços e tempos. Os esforços são para que docentes, estudantes, jovens e crianças tenham a representação da sua própria história presente ao longo de todo o ano letivo e a partir de diferentes formas. Caminhamos no sentido de que isso não seja um privilégio, mas uma conquista dos que acreditam que é possível fazer diferente, ou melhor do que tudo que está posto, fazer o que é correto inclusivo, o que retrata a população brasileira em toda a sua diversidade. Entendemos que o ativismo antirracista em sala de aula é uma prerrogativa para que a democracia seja realmente construída em nosso país.

Referências

BENJAMIN, W. **Magia e técnica, arte e política**: ensaios sobre literatura e história da cultura. São Paulo: Editora Brasiliense, 1996.

BOEHS, A. E. **Uma família, tempos, movimento e espaços**. Florianópolis: s. e., 2003.

BONDIA, J. L. Notas sobre a experiência e o saber de experiência. **Rev. Bras. Educação**. (19): p. 20-28, jan. 2002. Disponível em: https://doi. org/10.1590/S1413-24782002000100003. Acesso em: 09 dez. 2024.

DAVIS, V. **Em busca de mim**. Rio de Janeiro: BestSeller, 2022.

DREHER, M. N. **Igreja e germanidade:** estudo crítico da história da Igreja Evangélica de Confissão Luterana no Brasil. São Leopoldo: Editora Sinodal; Porto Alegre: Escola Superior de Teologia São Lourenço de Brindes; Caxias do Sul: Editora da Universidade de Caxias do Sul, 1984.

EGGERT, A. **Uma família:** tempos, movimentos e espaços, 2003.

FAUSTO, B. **História do Brasil.** São Paulo: Editora Edusp. 2019.

FERRARESI, C. S.; SANTOS, T. N. F. dos. as cotas raciais nas universidades públicas brasileiras. **Revista JurisFIB**, v. 8, n. 8, 2017.

GONZALES, L.; HASENBALG, C. **Lugar de negro.** Rio de Janeiro: Editora Zahar, 2022.

JESUS, C. **Quarto de despejo.** São Paulo: Editora Ática, 2021.

KING, M. **Autobiografia de Martin Luther King.** Rio de Janeiro: Editora Zahar, 2014.

KOPENAUA, D. **A queda do céu.** Rio de Janeiro: Editora Companhia das Letras, 2019.

KOPENAUA, D. **Ideias para adiar o fim do mundo.** Rio de Janeiro: Editora Companhia das Letras, 2021.

LUGONES, M. Colonialidad y género. **Revista Tábula Rasa.** Bogotá, v. 73, n. 9, p. 73-101, jul./dez. 2008.

MACHADO, Ana Maria. **Menina bonita do laço de fita.** 9 ed. São Paulo: Ática, 2011.

PORTELLA, R. Fé, cultura e norma eclesiástica: a gênese da Igreja Luterana no Brasil – organização popular e tutela eclesiástica. **Fragmentos de cultura.** Goiânia, v. 16, n. 7/8, p. 593-507, jul./ago. 2006.

QUIJANO, A. Colonialidade do poder, eurocentrismo e América Latina. **A colonialidade do saber:** etnocentrismo e ciências sociais – Perspectivas Latinoamericanas. Buenos Aires: Clacso, 2005. p. 107-126.

SALES, C. F. A invisibilidade da influência colonial na formação da identidade social brasileira: mediações psicanalíticas. **Estudos e pesquisas em Psicologia**, v. 23, n. 3, p. 1091-1111, 2023. Disponível em: https://doi.org/10.12957/epp.2023.79279. Acesso em 09 dez. 2024.

SANTOS, A. V. dos. Educação e colonização no Brasil: as escolas étnicas alemãs. **Cadernos de Pesquisa**, v. 42, n. 146, p. 538-561, maio/ago. 2012. Disponível em: http://www.scielo.br/pdf/cp/v42n146/12.pdf. Acesso em 09 dez. 2024.

SELASI, T. **Adeus Gana**. São Paulo: Editora Tusquets, 2019.

SCOTT, J. W. A invisibilidade da experiência. **Projeto História**, n. 16, São Paulo, 1998

VERUNSCHK, M. **O som do rugido da onça**. Rio de Janeiro: Editora Companhia das Letras, 2021.

Capítulo 3

A FORMAÇÃO DE PROFESSORES PARA UMA EDUCAÇÃO ANTIRRACISTA

Elisangela da Silva Pindobeira
Edmila Silva Gonzalez

3.1 Considerações Iniciais

Ao longo das últimas décadas, tem havido uma crescente preocupação no que se refere à inclusão e à valorização da diversidade étnico-racial nas escolas brasileiras. Nesse sentido, a Lei nº 10.639/03 representa um marco na luta contra o racismo e na promoção da igualdade racial, ao instituir a obrigatoriedade do ensino da história e das culturas afro-brasileira e africana no currículo escolar.

No entanto, a implementação dessa lei tem enfrentado diversas dificuldades no contexto educacional brasileiro. Uma das principais barreiras é a falta de formação adequada dos professores para abordar de forma satisfatória as questões étnico-raciais em sala de aula.

Persistem uma resistência e um desconhecimento por parte de alguns educadores em relação a essa temática. Além disso, é importante destacar que muitos professores ainda não reconhecem a importância do ensino da história e das culturas afro-brasileira e africana. Uma visão eurocêntrica predominante nas escolas mantém-se, priorizando a história e a cultura europeias em detrimento das demais culturas presentes no Brasil.

As pesquisas recentes sobre Educação Antirracista têm apontado para a necessidade de compreender e reconhecer a pertença étnico-racial no espaço escolar, especialmente em relação ao racismo estrutural presente na Educação, como podemos ver em Cavalleiro (2011), Passos e Pinheiro (2021), e Pinheiro (2023). Estudos destacam a importância da formação de professores para abordar a temática antirracista, promovendo uma reflexão sobre identidade e práticas pedagógicas.

Outro aspecto também evidenciado nas pesquisas é a urgência de políticas de formação docente que incentivem processos formativos em prol da Educação Antirracista, visando combater as desigualdades raciais e promover um ambiente escolar mais inclusivo e equitativo. Nesse contexto, a formação de professores desempenha um papel fundamental na construção de uma sociedade mais justa e igualitária. Em um mundo onde a diversidade é uma realidade incontestável, é imperativo que os educadores estejam equipados não apenas com habilidades pedagógicas sólidas, mas também com uma compreensão profunda das questões relacionadas à raça e ao racismo.

Assim, a educação antirracista emerge como um elemento essencial na formação de professores, promovendo a conscientização, a reflexão crítica e a ação transformadora contra as estruturas de opressão e discriminação racial presentes nas instituições educacionais. Nessa direção, este capítulo se propõe a explorar a importância da formação de professores para uma educação antirracista, levando em consideração que é fundamental identificar e legitimar

A FORMAÇÃO DE PROFESSORES PARA UMA EDUCAÇÃO ANTIRRACISTA

práticas docentes eficazes que promovam uma abordagem adequada e enriquecedora do ensino da história e das culturas afro-brasileira e africana.

Promover a diversidade étnico-racial deve ser uma inquietação constante das escolas e dos educadores. É necessário que haja um esforço conjunto de instituições educacionais, professores, pesquisadores e gestores públicos para superar as dificuldades na implementação da Lei nº 10.639/03 e promover uma educação verdadeiramente inclusiva e antirracista. Dessa forma, poderemos construir uma sociedade mais justa e igualitária, respeitando e valorizando a diversidade étnico-racial presente em nosso país.

3.2 Os professores e a Lei nº 10.639/03

A Lei nº 10.639/03 foi um marco importante para a promoção da igualdade racial na educação brasileira. Desde sua implementação, diversas atividades e iniciativas foram desenvolvidas com o objetivo de cumprir suas diretrizes. Entre elas, podemos destacar a inclusão de conteúdos relacionados à história e à cultura afro-brasileira e africana nos currículos escolares.

De acordo com Gomes *et al.* (2007), é importante que esses conteúdos não sejam apenas inseridos, mas também discutidos de forma crítica e contextualizada. Nesse sentido, diversas escolas e instituições de ensino têm promovido atividades como rodas de conversa, debates, exposições e apresentações culturais, visando a reflexão e o diálogo sobre a temática da igualdade racial.

Além disso, a formação de professores e gestores também é fundamental para a efetivação da lei. É necessário que os docentes sejam capacitados para trabalhar com a temática de forma interdisciplinar e que saibam lidar com situações de preconceito e discriminação racial no ambiente escolar.

Outra iniciativa importante é a realização de projetos de extensão e pesquisa, que buscam aprofundar o conhecimento sobre a história e a cultura afro-brasileira e africana, e sua contribuição para a formação da sociedade brasileira. Esses projetos contribuem para a valorização da diversidade cultural e para a construção de uma sociedade mais justa e igualitária.

Em suma, o cumprimento da Lei n° 10.639/03 demanda um conjunto de atividades e iniciativas que visam a inclusão e a valorização da história e da cultura afro-brasileira e africana no ambiente escolar. Para que essas ações sejam efetivas, é necessário o engajamento de todos os atores envolvidos na educação, desde gestores e professores até os estudantes e a comunidade em geral.

A implementação de políticas públicas de educação na promoção da equidade racial é um tema cada vez mais presente nas discussões acadêmicas e políticas. Uma das determinações presentes na Lei n° 10.639/03 é a inclusão da história e da cultura afro-brasileira e africana no currículo escolar. Já a Lei de Cotas (Lei n° 12.711/12) reserva uma porcentagem de vagas nas universidades públicas para estudantes de escolas públicas, negros, indígenas e pessoas com deficiência. Essas leis são exemplos de políticas públicas que têm como objetivo garantir a equidade racial na educação.

Autores como Stuart Hall (2006), entre outros, argumentam que a inclusão do estudo africano é fundamental para uma compreensão mais completa e precisa da história e da cultura global. Esses autores enfatizam que o estudo africano não deve ser considerado como um assunto separado, mas como uma parte integrante de todas as áreas do conhecimento.

Em relação à inclusão da história e da cultura afro-brasileira nas aulas, a Lei n° 10.639/03 tornou obrigatória a inclusão do estudo da história e da cultura africana e afro-brasileira nos currículos escolares, o que indica a importância do tema para a educação brasileira. É importante que os professores incorporem essa perspectiva em suas aulas para uma educação mais inclusiva e diversa.

Autores como Munanga (2005) defendem que essa inclusão é importante para a construção de uma identidade nacional mais diversa e para o combate ao racismo e à discriminação. Englobar a cultura africana e afro-brasileira no currículo também contribui para uma formação mais crítica e reflexiva, permitindo que os estudantes compreendam a história do Brasil sob uma perspectiva mais ampla e complexa. No entanto, a implementação da Lei nº 10.639/03 ainda enfrenta desafios, como a falta de formação de professores e a falta de recursos materiais e pedagógicos adequados.

Portanto, é importante que sejam criadas políticas públicas efetivas para a implementação da lei e para a promoção de uma educação mais inclusiva e diversa. Além disso, é necessário que os professores sejam formados e tenham acesso a materiais pedagógicos adequados para a inclusão das culturas africana e afro-brasileira nas aulas.

Outro ponto importante é que a inclusão das culturas africana e afro--brasileira no ensino também contribui para o combate ao racismo e à discriminação, uma vez que ajuda a desconstruir estereótipos e preconceitos relacionados à população negra (Munanga, 2005). Dessa forma, é fundamental que essa inclusão seja mais abrangente e integrada às disciplinas, de modo a promover uma educação mais inclusiva e diversa. Para isso, é necessário que a formação de professores se efetive e que sejam disponibilizados materiais pedagógicos adequados.

Segundo Fanon (2008), a exclusão das histórias e culturas dos povos africanos e indígenas nas escolas é uma forma de perpetuar o racismo e a discriminação, o que resulta em danos psicológicos para as pessoas negras e indígenas. Ademais, a valorização da diversidade étnica e cultural brasileira é fundamental para a construção de uma sociedade mais justa e inclusiva.

A obrigatoriedade do ensino dessas temáticas contribui para a promoção do respeito à diversidade e para o combate ao racismo e à exclusão social. Portanto, é fundamental que as escolas cumpram a Lei nº 10.639, oferecendo aos alunos o acesso aos conhecimentos sobre a história e a cultura africana e indígena, e para isso é necessário que os professores sejam preparados e os materiais didáticos adequados sejam produzidos.

Conforme pontuado por Munanga (2005), a negação da africanidade na história do Brasil é um reflexo do racismo estrutural que ainda persiste na sociedade, e que é perpetuado pela falta de reconhecimento e valorização das contribuições e heranças culturais africanas no país. À vista disso, a Lei nº 10.639/03 surge como um importante instrumento para a promoção da igualdade racial e valorização da diversidade cultural, como destacado por Silva *et al.* (2014).

A busca por diferentes fontes de informação é importante para ampliar o repertório e enriquecer as práticas pedagógicas, principalmente em relação às questões étnico-raciais. Segundo Lopes *et al.* (2019), o professor deve estar em constante processo de formação e atualização para garantir uma educação mais inclusiva e diversa.

Nesse sentido, a procura por materiais em diferentes fontes é uma das formas de se aperfeiçoar e oferecer aos alunos um ensino mais abrangente e crítico. Além disso, a utilização de diferentes recursos pedagógicos, como vídeos e artigos, pode contribuir para a compreensão de temas complexos e auxiliar na construção do conhecimento. O uso de imagens pode contribuir para o processo de ensino-aprendizagem, já que elas possibilitam uma compreensão mais ampla e dinâmica do conteúdo. A realização de atividades lúdicas e práticas, como *workshops* de turbante e roda de capoeira, também são opções interessantes para que os alunos possam se reconhecer dentro da cultura afro-brasileira.

Nessa mesma linha, Braga e Silva (2012) afirmam que o uso de atividades lúdicas e práticas pode contribuir para o desenvolvimento de uma educação antirracista, capaz de promover a valorização da cultura afro-brasileira e o combate ao racismo. No entanto, tem professores que não abordam nas suas aulas algo específico.

De acordo com Marsiglia (2018), a inclusão da história africana no ensino de matemática, por exemplo, pode ajudar os estudantes a entenderem que a matemática é uma área multicultural e que diferentes culturas têm abordagens diferentes para resolução de problemas matemáticos. Além disso, a inclusão de perspectivas africanas na educação matemática pode ajudar a aumentar a representatividade e a diversidade na área, o que é importante para promover a equidade e a justiça social.

A falta de inclusão de conteúdos africanos no ensino resulta em uma "educação ocidentalizada" que ignora a contribuição de outras culturas para a construção do conhecimento. Nesse sentido, é fundamental buscar por materiais que valorizem a diversidade cultural e promovam uma educação mais inclusiva – artigos e livros que tratem do tema da matemática africana e podem ser utilizados em sala de aula de forma a enriquecer o aprendizado dos estudantes.

Segundo o Plano Nacional de Implementação das Diretrizes Curriculares Nacionais para a Educação das Relações Étnico-Raciais e para o Ensino de História e Cultura Afro-Brasileira e Africana, é importante que a escola desenvolva uma educação voltada para a formação de cidadãos críticos e atuantes, que compreendam a importância da luta contra a discriminação racial e a promoção da igualdade de direitos (Brasil, 2009). Dessa forma, a utilização de leis e normas pode contribuir para o desenvolvimento dessa consciência crítica nos alunos.

Cabe registrar que, conforme Silva (2007), é preciso que os professores sejam formados para compreender e para incorporar nos seus currículos de formação e nos seus currículos de sala de aula a história e a cultura afro-brasileira e africana, e também a cultura indígena. Igualmente, o descumprimento da lei pode levar à perpetuação do racismo na educação brasileira, como afirmado por Gomes (2011).

A não incorporação da história e das culturas afro-brasileira e africana, bem como da história e da cultura indígena nos currículos escolares, significa a exclusão, a invisibilização e a deslegitimação das histórias, das culturas, das tradições, dos valores e das identidades desses povos. É a negação da alteridade e, consequentemente, do direito à diferença, à igualdade e à cidadania.

Além disso, a falta de formação adequada do docente para lidar com esses conteúdos pode gerar insegurança e receio em abordá-los em sala de aula. Conforme destacado por Araújo (2013), é necessário que o docente tenha uma formação crítica e interdisciplinar para abordar questões culturais e históricas de maneira adequada e respeitosa, valorizando as perspectivas dos grupos minoritários.

Com isso, é possível perceber que os professores se organizam do seu jeito para poder contemplar a lei e trazer o ensino para os alunos envolvendo o uso de diferentes recursos, como texto, debate, leitura de lei e vídeo explicativo. A estruturação de uma sequência didática é uma importante ferramenta para o ensino, pois permite ao professor organizar uma série de atividades com objetivos específicos, que possam contribuir para a aprendizagem do aluno.

Portanto, é necessário que haja um comprometimento por parte das instituições de ensino e dos professores, para a aplicabilidade da lei e para uma educação antirracista e inclusiva.

3.3 Formação de professores antirracistas

A formação de professores é um tema crucial para a qualidade da educação em qualquer país. Segundo Pimenta e Anastasiou (2014), a formação docente deve ser vista como um processo contínuo e permanente, que envolve conhecimentos teóricos, práticos e valores éticos e políticos. É importante que os professores em formação tenham uma base teórica sólida que possa ser aplicada na prática, por meio de estágios, pesquisas e outras atividades que permitam a reflexão sobre a prática pedagógica.

Segundo Tardif (2014), a formação docente deve levar em conta as dimensões pessoais e profissionais dos professores em formação, bem como a realidade social e cultural em que estão inseridos. Isso implica não apenas o desenvolvimento de habilidades técnicas e pedagógicas, mas também na reflexão sobre suas próprias identidades, valores e experiências. Além disso, Tardif ressalta a relevância de situar essa formação no contexto social e cultural em que os professores estão inseridos, reconhecendo a influência desses fatores em sua prática educativa. Desse modo, a formação docente se torna mais holística e contextualizada, preparando os educadores para enfrentar os desafios complexos da sala de aula de maneira mais sensível às necessidades de seus alunos.

Além do mais, a formação de professores deve estar alinhada às demandas da sociedade e às mudanças no mundo do trabalho, para que os professores estejam preparados para lidar com os desafios e as oportunidades do mundo contemporâneo. Para isso, é fundamental que a formação seja atualizada e inovadora, com práticas pedagógicas que estimulem o pensamento crítico, a criatividade e a autonomia dos alunos (Gatti, 2005).

Portanto, a formação de professores deve ser vista como um processo dinâmico, que busca integrar teoria e prática, valores e competências, em um contexto de mudança e transformação. É necessário que haja uma articulação entre as instituições formadoras, as políticas públicas e as demandas da sociedade, para que os professores possam desempenhar um papel transformador na educação e na sociedade como um todo.

Não resta dúvidas de que a formação inicial e continuada de professores deve contemplar o estudo das questões étnico-raciais e a promoção da diversidade, para que os docentes possam lidar com situações de discriminação e preconceito em sala de aula. Isso é essencial para que possam atuar de forma crítica e consciente, respeitando as diferenças culturais e combatendo estereótipos e estigmas.

No entanto, conforme apontou Pindobeira (2023), em muitos casos, a falta de disciplinas específicas pode ser suprida por meio da busca por informações e aprofundamento por parte dos próprios docentes. Segundo Canen (2001), a formação continuada deve ser vista como um processo constante de atualização e aprimoramento em que os professores devem buscar recursos e estratégias para lidar com as diversidades e demandas da atualidade.

Assim, é fundamental que as instituições de ensino e os órgãos responsáveis pela formação de professores estejam atentos à necessidade de uma formação mais abrangente e atualizada, contemplando as demandas da sociedade atual e preparando os docentes para lidarem com situações de discriminação e preconceito.

A formação dos professores é um aspecto essencial no enfrentamento das desigualdades raciais presentes na sociedade brasileira. Isso porque, como destacado por Silva (2003, p. 72), "a escola não é neutra e não pode ser neutra em relação às desigualdades sociais e raciais". Nessa seara, a formação dos professores deve contemplar uma perspectiva crítica e reflexiva sobre as relações étnico-raciais, para que estes profissionais possam reconhecer e combater o racismo presente na sociedade e, principalmente, dentro da própria escola.

Como afirma Nilma Lino Gomes (2017, p. 42),

> a formação inicial e continuada dos professores deve contemplar uma perspectiva intercultural e antirracista que permita uma reflexão sobre os valores culturais, as relações sociais e os processos educativos que têm impacto na vida e na trajetória de alunos e alunas.

Ao reconhecer e valorizar a diversidade cultural presente na sociedade, essa perspectiva permite uma reflexão crítica sobre os valores culturais, as relações sociais e os processos educativos que influenciam a vida e o percurso dos alunos. Integrar essa visão na formação dos educadores é fundamental para promover uma educação mais inclusiva e equitativa, que reconheça e respeite a pluralidade de identidades e experiências dos estudantes.

Além disso, ao adotar uma abordagem antirracista, os professores são capacitados para combater ativamente o racismo e outras formas de discriminação, criando ambientes escolares mais acolhedores e justos para todos.

Para isso, é importante que esses profissionais tenham acesso a materiais e recursos que possibilitem uma reflexão crítica sobre as relações raciais, a história e a cultura afro-brasileira. O livro **Pequeno manual antirracista**, da filósofa Djamila Ribeiro, por exemplo, pode ser uma ferramenta valiosa para a formação dos professores, já que apresenta de forma clara e acessível conceitos importantes para a compreensão do racismo e de suas manifestações na sociedade brasileira, além de fornecer orientações práticas sobre como combatê-lo no dia a dia.

Ribeiro (2019) explora questões profundas relacionadas à história do racismo no Brasil, à construção da identidade negra e aos impactos do racismo nas esferas social, econômica e cultural. Ademais, ela discute a importância do reconhecimento do privilégio branco e do papel dos não negros na luta antirracista.

Além disso, é fundamental que a formação dos professores contemple uma abordagem interdisciplinar, que possibilite a compreensão da dimensão étnico-racial em diferentes áreas do conhecimento. Nesse sentido, como destaca Silva (2003, p. 71), "a formação de professores deve ser pensada em perspectiva intercultural, de modo que seja possível integrar o conhecimento específico das áreas de atuação com a dimensão social e cultural da diversidade".

Portanto, a formação dos professores é um elemento fundamental no enfrentamento das desigualdades raciais na educação brasileira. É necessário que os professores sejam capacitados de forma crítica e reflexiva, para que possam compreender a dimensão étnico-racial na sociedade brasileira e atuar de forma consciente e comprometida na luta contra o racismo e pela promoção de uma educação antirracista.

Como já fora mencionado, embora a Lei n° 10.639, promulgada em 2003, estabeleça a obrigatoriedade do ensino da história e da cultura afro-brasileira e africana nas escolas brasileiras, visando a promoção da igualdade racial e o combate ao racismo, sua implementação tem sido marcada por diversas dificuldades. Podemos elencar alguns desafios enfrentados na abordagem da história e da cultura africana nas escolas.

O primeiro desafio mencionado é a falta de material didático adequado, especialmente nos livros didáticos, que muitas vezes não contemplam a história atual da África, limitando-se a abordar apenas o antigo Egito. Isso evidencia a necessidade de uma maior atualização e inclusão de conteúdos que reflitam a diversidade e a complexidade da história africana contemporânea.

Outrossim, existem as dificuldades para encontrar materiais que possam ser trabalhados com os alunos. Isso ressalta a escassez de recursos educacionais disponíveis que abordem de forma apropriada a história e a cultura africana, o que reforça a importância de investimentos e esforços na produção e disponibilização desse tipo de material. Outro desafio é a luta contra o próprio currículo, visto que o currículo escolar muitas vezes não contempla de forma adequada a história e a cultura africana, o que pode resultar em lacunas no ensino e na falta de informações essenciais para uma educação antirracista e inclusiva.

Uma das principais dificuldades é a resistência por parte dos próprios professores em incluir esses conteúdos em suas práticas pedagógicas. Muitos não se sentem preparados para lidar com questões raciais em sala de aula, seja por falta de conhecimento sobre o tema, seja por receio de desagradar a comunidade escolar ou mesmo por resistência pessoal. Essa resistência pode levar a uma abordagem superficial ou até mesmo à exclusão dos conteúdos relacionados à história e à cultura afro-brasileira e africana.

Também é essencial destacar a falta de formação continuada para os professores sobre o tema. A formação inicial muitas vezes não contempla a questão racial de forma adequada, deixando-os despreparados para lidar com essas questões em sala de aula. Somado a isso, muitos professores não têm acesso a cursos de formação continuada que possam ajudá-los a aprofundar seus conhecimentos e desenvolver estratégias pedagógicas para o ensino da história e da cultura afro-brasileira e africana.

Para enfrentar essas dificuldades, é fundamental que haja um compromisso efetivo das escolas e das autoridades educacionais com a implementação da Lei nº 10.639, garantindo formação e capacitação adequadas para os professores, além da produção e da distribuição de materiais didáticos de qualidade.

Não podemos perder de vista que as escolas exercem um papel crucial na formação dos estudantes, não apenas no aspecto acadêmico, mas também na construção de uma sociedade mais justa e igualitária. É essencial que as instituições de ensino assumam a responsabilidade de desconstruir os estereótipos, a discriminação, o preconceito e o racismo presentes em suas práticas pedagógicas e cotidianas.

A educação tem o poder de moldar as mentes jovens e influenciar a forma como percebem a si mesmos e aos outros. Portanto, é fundamental que as escolas promovam um ambiente inclusivo, onde todas as formas de diversidade sejam valorizadas e respeitadas. Isso significa desafiar os estereótipos prejudiciais que perpetuam a desigualdade e o preconceito, tanto em relação a raça, gênero, orientação sexual, origem étnica, religião, deficiência, entre outros.

Uma abordagem efetiva para desconstruir estereótipos e preconceitos é integrar essas questões no currículo escolar. Isso envolve incluir conteúdos e discussões que promovam a consciência sobre a diversidade, a história de diferentes grupos e a importância da igualdade.

Além do mais, é essencial que os professores recebam formação adequada para lidar com esses assuntos de maneira sensível e construtiva, permitindo que os estudantes compreendam a complexidade das questões sociais e desenvolvam uma consciência crítica.

No entanto, a desconstrução de estereótipos e preconceitos não deve se limitar apenas ao currículo escolar. É necessário que as escolas também analisem suas práticas cotidianas, como a política de contratação de professores, as relações interpessoais entre funcionários e estudantes, e as políticas de disciplina. Ao criar um ambiente inclusivo e respeitoso, as escolas podem transmitir aos estudantes a importância de valorizar a diversidade e combater qualquer forma de discriminação ou exclusão.

Essas instituições devem buscar parcerias com organizações e comunidades locais que possam fornecer recursos e *expertise* na promoção da igualdade e no combate ao racismo e à discriminação. Ao se envolverem em projetos conjuntos, as escolas podem ampliar o impacto de suas ações, criar redes de apoio e promover uma mudança mais significativa na sociedade.

Quando passam a assumir responsabilidade de desconstruir estereótipos, discriminação, preconceito e racismo presentes em suas práticas pedagógicas e cotidianas, elas têm a oportunidade de educar os estudantes para se tornarem cidadãos conscientes, respeitosos e comprometidos com a promoção da igualdade e com a construção de um mundo melhor.

3.4 Considerações finais

Apesar de as políticas públicas representarem um avanço na promoção da equidade racial na educação, ainda há muito a ser feito. É importante que haja uma articulação entre governo, sociedade civil e instituições de ensino para a implementação dessas políticas e para a criação de novas medidas que possam promover a equidade racial. A educação é uma ferramenta poderosa na luta contra a desigualdade racial, e a implementação de políticas públicas é fundamental para garantir que todas as pessoas tenham acesso a uma educação de qualidade e igualdade de oportunidades. Podemos observar nas falas que ainda tem muito a ser estudado para ser colocada em prática a lei.

Deve-se pensar a escola como um espaço para reflexão importante sobre a influência do ambiente e da identidade social na formação das aspirações e expectativas dos alunos, principalmente, daqueles que vêm de periferias e possuem menor acesso a oportunidades educacionais e culturais.

Segundo Bourdieu (1998), a posição social que o indivíduo ocupa na estrutura social influencia diretamente na sua percepção de mundo e no desenvolvimento de sua identidade, o que pode impactar nas suas escolhas e perspectivas de futuro. Portanto, é essencial que o educador esteja ciente dessas influências e seja capaz de fornecer aos alunos um arcabouço que possibilite a construção de uma identidade mais ampla e positiva, de forma que eles possam se sentir capazes de sonhar com possibilidades mais diversas e desafiadoras.

É importante que os professores abordem essa temática de forma responsável e consciente, trazendo à tona a discussão sobre a igualdade racial e o respeito às diferenças. Bento (1999) assegura que o racismo é um fenômeno histórico que se baseia em estereótipos, preconceitos e discriminações que afetam a vida das pessoas negras em todos os aspectos sociais. Essas atitudes negativas são fruto de uma realidade histórica e social que perpetua a desigualdade racial.

A implementação da Lei nº 10.639 e a formação de professores para uma educação antirracista representam desafios cruciais na busca por uma sociedade mais justa e igualitária. Para superar essas dificuldades, é imperativo o engajamento efetivo das escolas e das autoridades educacionais, aliado a uma formação e uma capacitação adequadas dos professores. Por meio desse compromisso coletivo, poderemos avançar na construção de um ambiente educacional inclusivo e respeitoso, que reconheça e valorize a diversidade cultural e racial do nosso país.

Referências

ARAÚJO, C. M. Uma outra história possível? O saber histórico escolar na perspectiva intercultural. *In*: PEREIRA, A. A.; MONTEIRO, A. M. (Orgs.). **Ensino de história e culturas afro-brasileiras e indígenas**. Rio de Janeiro: Pallas, 2013.

BENTO, M. A. S. **Cidadania em preto e branco**: discutindo as relações raciais. São Paulo: Ática, 1999.

BOURDIEU, Pierre. **Escritos de educação**. Petrópolis: Vozes, 1998.

BRAGA, M. L. de S.; SILVA, M. R. P. da. **Educação e diversidade**: reflexões sobre o contexto brasileiro. 1. ed. São Paulo: Cultura Acadêmica, 2012.

BRASIL. **Lei nº 10.639, de 9 de janeiro de 2003**. Altera a Lei nº 9.394, de 20 de dezembro de 1996, que estabelece as diretrizes e bases da educação nacional, para incluir no currículo oficial da Rede de Ensino a obrigatoriedade da temática "História e Cultura Afro-Brasileira", e dá outras providências. Diário Oficial da União, Brasília, DF, 10 jan. 2003, p. 01.

BRASIL. **Lei nº 12.711, de 29 de agosto de 2012**. Dispõe sobre o ingresso nas universidades federais e nas instituições federais de ensino técnico de nível médio, e dá outras providências. Diário Oficial da União, Brasília, DF, 30 ago. 2012. Seção 1, p. 1-2.

BRASIL. **Plano Nacional das Diretrizes Curriculares Nacionais para a Educação das Relações Étnico-Raciais e para o Ensino de História e Cultura Afro-Brasileira e Africana**. Brasília: SECAD; SEPPIR, junho 2009.

CANEN, A. Universos culturais e representações docentes: subsídios para a formação de professores para a diversidade cultural. **Educação & Sociedade**, v. 22, p. 207-227, 2001.

CAVALLEIRO, E. Educação anti-racista: compromisso indispensável para um mundo melhor. *In*: CAVALLEIRO, E. (Ed.). **Racismo e anti-racismo na educação:** repensando a escola. São Paulo: Selo Negro, 2001. p. 141-60.

FANON, F. **Pele negra, máscaras brancas**. Salvador: EDUFBA, 2008.

GATTI, S. R. T. **Análise de uma ação didática centrada na utilização da História da Ciência**. 2005. Tese (Doutorado em Educação) – Faculdade de Educação, Universidade Estadual de Campinas, Campinas, 2005.

GOMES, E. Afrocentricidade: discutindo as relações étnico-raciais na biblioteca. **Revista ACB**, v. 21, n. 3, p. 738-752, 2016. Acesso em: 28 maio 2021.

GOMES, N. L. Diversidade étnico-racial, inclusão e equidade na educação brasileira: desafios, políticas e práticas. **Revista Brasileira de Política e Administração da Educação**. ANPAE, 2011.

GOMES, N. L. *et al*. **Indagações sobre currículo:** diversidade e currículo. Brasília: Ministério da Educação, Secretaria de Educação Básica, 2007. v. 17.

GOMES, N. L. **O movimento negro educador**. Saberes construídos na luta por emancipação. Petrópolis: Vozes, 2017.

HALL, Stuart. **A identidade cultural na pós-modernidade**. Tradução de Tomaz Tadeu da Silva e Guaracira Lopes Louro. 11. ed. Rio de Janeiro: DP&A, 2006.

LOPES, L. M. D.; VIDOTTO, K. N. S.; POZZEBON, E.; FERENHOF, H. A. Inovações educacionais com o uso da realidade aumentada: uma revisão sistemática. **Educação em Revista**, v. 35, e197403, 2019. Disponível em: https://doi.org/10.1590/0102-4698197403. Acesso em: 09 dez. 2024.

MARSIGLIA, A. C. G.; PINA, L. D.; MACHADO, V. de O.; LIMA, M. A base nacional comum curricular: um novo episódio de esvaziamento da escola no Brasil. **Germinal:** marxismo e educação em debate, Salvador, v. 9, n. 1, p. 107-121, 2018.

MUNANGA, K. **Superando o racismo na escola**. 2. ed. revisada, Brasília: Ministério da Educação. Secretaria de Educação Continuada, Alfabetização e diversidade, 2005.

PASSOS, M. C. A. dos; PINHEIRO, B. C. S. Do epistemicídio à insurgência: o currículo decolonial da Escola Afro-Brasileira Maria Felipa (2018-2020). **Cadernos de Gênero e Diversidade**, v. 7, n. 1, p.118-135, 2021.

PIMENTA, S. G.; ANASTASIOU, L. **Docência no ensino superior**. 5. ed. São Paulo: Cortez, 2014.

PINDOBEIRA, E. da S. **Ensino de história, cultura afro-brasileira e africana:** experiências de professores em uma escola no município de Amargosa nos anos finais. 2023. Dissertação (Mestrado). Universidade Estadual do Sudoeste da Bahia. Jequié-BA, 2023. 121f.

PINHEIRO, B. C. S. **Como ser um educador antirracista**. São Paulo: Planeta Brasil, 2023.

RIBEIRO, D. **Pequeno manual antirracista**. São Paulo: Companhia das Letras, 2019.

SILVA, J. F. da *et al.* Paradigmas da educação no campo: um olhar a partir dos estudos pós-coloniais latino-americanos. **Revista Reflexão e Ação**, Santa Cruz do Sul, v. 22, n. 2, p. 09-38, dez. 2014. Disponível em: https://online.unisc.br/seer/index.php/reflex/article/view/5100. Acesso em: 18 set. 2023.

SILVA, P. B. G. e. Aprender, ensinar e relações étnico-raciais no Brasil étnico-raciais no Brasil. **Revista Educação**, Porto Alegre, n. 3, 2007.

SILVA, T. T. da. **Documentos de identidade:** uma introdução às teorias do currículo. 2. ed. Belo Horizonte: Autêntica, 2003.

TARDIF, M. **Saberes docentes e formação profissional**. 17. ed. Rio de Janeiro: Vozes, 2014.

Capítulo 4

CONSTRUINDO UMA ESCOLA ANTIRRACISTA: UMA LUTA DE TODOS

Edmila Silva Gonzalez

4.1 Considerações iniciais

Este capítulo apresenta reflexões sobre a importância da colaboração coletiva e do comprometimento de todos os envolvidos na transformação de escolas em espaços que combatam ativamente o racismo, ressaltando que essa é uma responsabilidade compartilhada por toda a comunidade escolar.

Verifica-se um aumento significativo na quantidade de pesquisas que incorporam o conceito de "antirracismo" (Bernd, 1994; Brasil, 2005; Cavalleiro, 2001; D'adesky, 2001; Guimarães, 1996; 1999; Munanga, 1996). A esse respeito, consoante Ferreira (2012), a Educação Antirracista foca em questões que abordam temas de raça e justiça social, incluindo igualdade racial/étnica e questões relacionadas ao poder e à exclusão, indo além das dimensões puramente culturais.

Uma série de publicações tem surgido, explicitamente adotando o termo "antirracismo". Esse fenômeno tornou-se mais evidente nos últimos anos, especialmente após a promulgação da Lei nº 10.639/2003, que tornou obrigatório o ensino de História e Cultura Afro-Brasileira (Brasil, 2005) nas instituições de Educação Básica, sejam elas públicas ou privadas.

Paula (2017) cita que a lei busca, primordialmente, preencher as falhas na narrativa histórica brasileira, com ênfase na importância e no papel protagonista dos negros na sociedade do país, por meio de seu legado histórico e cultural. Isso é resultado de um extenso processo de reivindicações dos movimentos negros e de pesquisadores, que ao longo de décadas clamaram por mudanças nos currículos, visando uma abordagem mais abrangente sobre a questão racial nos conteúdos e nos métodos pedagógicos.

O cerne da educação antirracista são iniciativas que buscam ativamente reestruturar as relações sociais, desafiando e combatendo o racismo presente na sociedade brasileira, que, conforme Munanga (2003, p. 24), é "uma doutrina que postula a superioridade de certos grupos étnico-raciais. (...)". Nesse contexto, a construção de uma escola antirracista representa um compromisso coletivo basilar para a promoção da igualdade e da justiça social no ambiente educacional.

Não se pode perder de vista que a luta contra o racismo transcende as paredes da sala de aula, exigindo uma abordagem holística que permeie todas as facetas da escola. Desde a revisão e atualização dos currículos para incorporar perspectivas diversas até a implementação de políticas que promovam a equidade, cada indivíduo na comunidade escolar desempenha um papel primordial nesse processo de transformação.

Assim, é imperativo reconhecer que a construção de uma instituição antirracista vai além da simples eliminação de manifestações explícitas de preconceito. Esse processo envolve uma profunda reflexão sobre as estruturas institucionais que podem perpetuar desigualdades, bem como a promoção de um ambiente que celebre a diversidade e respeite as diversas experiências culturais.

Gomes (2005, p. 46) denunciou que, embora a sociedade brasileira sempre tenha negado a existência do racismo e do preconceito racial, as pesquisas evidenciam que "no cotidiano, nas relações de gênero, no mercado de trabalho, na educação básica e na universidade os negros ainda são discriminados e vivem uma situação de profunda desigualdade racial quando comparados com outros segmentos étnico-raciais do país". Essa persistência da discriminação racial vivenciada pelos negros em diversas esferas da sociedade brasileira requer a necessidade contínua de enfrentar e combater o racismo sistêmico.

Conforme já foi sinalizado por Cavalleiro (2001), a presença do racismo, do preconceito e da discriminação racial na sociedade brasileira, especialmente no ambiente escolar cotidiano, resulta em consequências significativas para os indivíduos negros. Entre essas implicações estão a autorrejeição, o desenvolvimento de baixa autoestima com a falta de reconhecimento de suas capacidades pessoais, a rejeição de outros iguais racialmente, a timidez, uma participação limitada ou nula em sala de aula, a ausência de um reconhecimento positivo de sua identidade racial, dificuldades no processo de aprendizagem, relutância em frequentar a escola e, consequentemente, a evasão escolar.

Para os alunos brancos, essas dinâmicas resultam na cristalização de um sentimento irreal de superioridade, criando um ciclo vicioso que reforça a discriminação racial no ambiente escolar diário, assim como em outros espaços da esfera pública.

Temos presenciado escolas sendo negligentes em cumprir a obrigação de respeitar a diversidade racial e tratar as crianças e os jovens negros com dignidade. No entanto, é importante pontuar que o racismo e suas manifestações diárias nos sistemas de ensino não devem ser minimizados ou ignorados pelos membros do corpo docente e pela sociedade civil. É imperativo que, juntos, seja possível identificar e enfrentar essas questões. E é fundamental também que todos os educadores rejeitem veementemente o racismo e trabalhem em conjunto para promover o respeito mútuo, a discussão aberta sobre as diferenças humanas sem nenhum tipo de receio.

Apoiado em Gomes (2005), Cavalleiro (2001) e Passos e Pinheiro (2021), o presente capítulo abordará como a educação repercute na formação de valores e atitudes que respeitem a diversidade, com exemplos inspiradores para pensarmos a escola antirracista que desejamos e, por fim, a importância da construção dessa escola antirracista como um projeto, sobretudo, coletivo.

4.2 O impacto da educação na formação de valores e atitudes em relação à diversidade

A influência da educação na formação de valores e atitudes no que se refere à diversidade é um fenômeno de extrema importância no desenvolvimento humano. No ambiente educacional, os valores transmitidos e as atitudes cultivadas contribuem significativamente na maneira como os indivíduos percebem e interagem com a diversidade presente na sociedade. Uma educação que promove a compreensão e a aceitação das diferenças contribui para a construção de uma sociedade mais inclusiva e equitativa.

A sala de aula, em particular, é um espaço vital para moldar as atitudes dos alunos em relação à diversidade. Professores exercem uma função essencial ao fornecer um ambiente que celebra a multiplicidade de experiências, culturas e identidades. O currículo e as atividades escolares podem ser estruturados de maneira a promover a conscientização sobre as diferenças, incentivando a empatia e a compreensão mútua. Dessa forma, a educação emerge como uma poderosa ferramenta para desconstruir estereótipos prejudiciais e fomentar a apreciação da riqueza inerente à diversidade.

Como bem afirma Gomes (2005), além das regulamentações estabelecidas pela Lei nº 10.639/03 e pelas diretrizes curriculares que abordam as relações étnico-raciais, bem como o ensino da história e da cultura afro-brasileira e africana, há uma vasta produção de conhecimento sobre a temática racial. Essa produção mais abrangente deve ser integrada como uma fonte elementar para o estudo tanto individual quanto coletivo dos educadores. Considerando esses aspectos, entendemos que a educação influencia não apenas o entendimento individual, mas também tem o potencial de impactar a cultura mais ampla.

Escolas que incorporam princípios de respeito à diversidade contribuem para a formação de cidadãos mais conscientes, capazes de enfrentar os desafios da sociedade contemporânea com uma mentalidade aberta e inclusiva. Assim, o impacto da educação na formação de valores e atitudes ligadas à diversidade transcende as fronteiras da sala de aula, moldando a mentalidade coletiva em direção a uma sociedade mais justa e harmoniosa.

Gomes (2005, p. 49) assegura que aprendemos a ver negros e brancos como diferentes na forma como somos educados e socializados a ponto de essas ditas diferenças serem introjetadas em nossa forma de ser e ver o outro, na nossa subjetividade, nas relações sociais mais amplas. A autora reforça também que aprendemos, tanto na cultura quanto na sociedade, a perceber as diferenças, a comparar, a classificar. Isso reflete a tendência humana de categorizar e compreender o mundo ao nosso redor, muitas vezes moldando nossas perspectivas e interações.

Depreendemos dessa reflexão a importância de uma abordagem educacional que seja antirracista, o que envolve questionar as estruturas de poder, desconstruir estereótipos prejudiciais e promover uma compreensão mais justa e igualitária das diferenças raciais.

Como bem apontou Diangelo (2018), não reconhecer como o racismo funciona em seu ambiente não implica que ele não esteja presente. A simples observação dos dados sobre desigualdade racial, disparidades salariais, acesso a oportunidades, ocupação de cargos de liderança e presença em locais de prestígio evidencia a existência do racismo.

Em resumo, a maneira como vemos negros e brancos é moldada por fatores sociais, culturais e educacionais, e a internalização dessas percepções pode ter implicações profundas em nossa subjetividade e nas relações sociais mais amplas. Portanto, o reconhecimento dessas dinâmicas é essencial para promover a construção de uma sociedade mais equitativa.

Quando não ponderamos cuidadosamente sobre essa realidade e quando a sociedade não implementa medidas, ações e políticas destinadas a estabelecer oportunidades equitativas para pessoas de diferentes grupos raciais, incluindo negros e brancos, contribuímos para a perpetuação do racismo (Gomes, 2005). Por isso, é fundamental reconhecer que a falta de reflexão séria e a ausência de esforços para promover igualdade em vários setores resultam na reprodução de preconceitos.

Gomes (2005) também destaca que devemos instruir nossos filhos, alunos e as futuras gerações sobre como certas diferenças, moldadas pela cultura e pelas estruturas de poder, foram gradualmente interpretadas de maneira social e política, sendo vistas como indicadores de inferioridade.

Nessa direção, se almejamos combater o racismo, é imperativo que passemos por um processo de reeducação que comece em nós mesmos e perpasse por nossas famílias, pelas instituições educacionais, profissionais da educação e a sociedade como um todo. Essa jornada exige um comprometimento em estudar, realizar pesquisas e aprofundar nosso entendimento sobre a história da África e da cultura afro-brasileira.

Como sugere Gomes (2005), é importante também cultivar um senso de orgulho em relação à nossa rica, significativa e respeitável herança africana no contexto brasileiro. Isso implica compreender como essa ancestralidade está presente nas vidas e na história de brasileiros de diferentes etnias. A transformação requer uma abordagem educacional abrangente que promova uma consciência crítica e um reconhecimento positivo da diversidade cultural que compõe o arranjo social do Brasil.

4.3 Inspirações para pensar a escola antirracista: a Escola Maria Felipa (BA) e o clube de leitura "Ler em bando", do Colégio La Salle (SP)

Em um contexto em que as chamadas por equidade e diversidade reverberam com crescente intensidade, torna-se imperativo explorar ações que buscam metamorfosear as instituições de ensino em espaços que não apenas fomentem a inclusão, mas também combatam efetivamente o racismo.

Destaca-se entre essas iniciativas a pioneira Escola Maria Felipa, localizada em Salvador-Bahia, a primeira escola afro-brasileira do Brasil, que teve sua origem em 2017, quando uma de suas idealizadoras, Bárbara Carine, mãe de Iana, uma criança negra adotada, buscou para sua filha uma educação que valorizasse as diversas influências culturais presentes em nossa formação sociocultural, reconhecendo não apenas as constituições europeias, mas também as ameríndias e africanas. As sócias, então, "buscaram criar um espaço educativo no qual propicia as infâncias encontros pedagógicos com a valorização de suas ancestralidades" (Passos; Pinheiro, 2021, p. 120).

Mas por que a escola recebe o nome de Maria Felipa? Maria Felipa emerge como uma heroína da independência brasileira na Bahia, um ícone muitas vezes negligenciado. Originária da Ilha de Itaparica e descendente de africanos escravizados do Sudão, ela desafiou as normas da sociedade da época, sendo uma mulher negra, marisqueira e trabalhadora braçal. Sua liderança foi fundamental durante as batalhas contra os portugueses em 1822, quando ela comandou um grupo diversificado de cerca de 200 pessoas, incluindo mulheres negras, indígenas tupinambás e tapuias. Sob sua liderança, o grupo queimou 40 embarcações portuguesas, desempenhando um papel crucial na resistência contra a ocupação estrangeira.

Maria Felipa não apenas liderou, mas uniu mulheres e homens de diferentes origens sociais e étnicas. Ela fortificou as praias com trincheiras, organizou o envio de mantimentos para o Recôncavo e estabeleceu vigias constantes para prevenir desembarques inimigos. Sua coragem e estratégias eficientes durante os conflitos resultaram na destruição de várias embarcações portuguesas, incluindo a Canhoneira Dez de Fevereiro e a Barca Constituição. Em janeiro de 1823, liderou um grupo de aproximadamente 40 mulheres na defesa das praias de Itaparica, empregando táticas astutas e determinação feroz para resistir às forças portuguesas.

Assim como tantas mulheres negras, Maria Felipa permaneceu uma guerreira notável que, infelizmente, foi apagada e silenciada na história. Seu legado é um testemunho poderoso da resistência afro-brasileira e da contribuição significativa das mulheres negras para a luta pela independência e pela justiça.

A motivação para a criação dessa escola surgiu da frustração ao constatar a ausência de instituições afro-brasileiras em Salvador, uma das cidades mais negras do mundo fora do continente africano. A preocupação era evitar que as crianças enfrentassem a violência simbólica de terem negada sua identidade cultural e intelectual no processo educacional tradicional, que geralmente reflete apenas o padrão branco europeu.

Essa escola foi concebida como um espaço onde as crianças poderiam desenvolver o amor-próprio e a valorização de sua ancestralidade, reconhecendo as civilizações africanas como as primeiras do mundo. Passos e Pinheiro (2021, p. 132) assinalam que a escola "desestabiliza o calendário hegemônico que tem pautado historicamente o planejamento didático-pedagógico das escolas brasileiras".

O Projeto Político Pedagógico da instituição foi elaborado em 2017, a estruturação do espaço ocorreu em 2018, e o primeiro ano letivo aconteceu em 2019. Em 2020, Maju Passos, em busca de um ambiente educacional seguro e emancipador para seu filho Ayo, uniu-se ao projeto como mãe e sócia.

Pinheiro (2023) destaca que as práticas pedagógicas embasadas na cultura africana/diaspórica ou indígena buscam promover a autonomia e a expressão cultural desses povos (ética, estética, política, teórica, prática), colocando-os no centro do processo de aprendizado.

É importante ressaltar que a escola não é exclusiva para crianças negras, mas sim destinada a todas as crianças. Seu propósito é oferecer uma educação que inclua narrativas diversas e não apenas a perspectiva do dominador, reconhecendo a necessidade de superar hierarquizações sociais construídas ao longo do tempo. Maria Felipa busca, assim, promover o entendimento de que a diversidade não determina superioridade ou inferioridade genética, mas sim a construção de uma sociedade justa e igualitária.

Outra inspiração para pensar a educação antirracista foi a iniciativa do Colégio La Salle – São Paulo de criar um clube de leitura como parte de um esforço mais amplo da escola para promover a diversidade e a equidade. A ideia era contar com a adesão de todos os colaboradores do colégio.

A criação do clube intitulado "Ler em Bando" foi concebida em 2023 pelo Direitor Pedagógico Leonardo Monteiro e pela bibliotecária Tais Mathias. Juntos, reconheceram a relevância de estabelecer um ambiente dedicado ao aprendizado e à discussão, visando abordar as questões raciais com sensibilidade. A equipe diretiva não apenas endossou a iniciativa, como também ofereceu apoio integral aos idealizadores, demonstrando um comprometimento conjunto com a promoção de diálogos significativos e construtivos sobre questões raciais dentro do contexto do clube.

O primeiro passo do clube foi a seleção das primeiras leituras. A obra escolhida foi "Como ser um educador antirracista", de autoria de Bárbara Carine, escritora, professora, palestrante e uma das idealizadoras da Escola Afro-brasileira Maria Felipa. Esse livro se destaca pela sua abordagem prática e esclarecedora sobre a importância do antirracismo na educação. A autora oferece uma visão profunda e sensível, proporcionando orientações claras e ferramentas tangíveis para os educadores que buscam criar ambientes de aprendizado mais inclusivos.

A obra explora conceitos como o pacto da branquitude, o racismo estrutural e o racismo recreativo. Ao romper com a limitação de perspectivas, ela oferece uma visão renovada, incentivando o leitor a celebrar a diversidade e reconhecer as inúmeras formas de existir e ser. "Como ser um educador antirracista" destina-se a todos os leitores interessados em contribuir para a construção de uma sociedade mais inclusiva, justa e menos violenta por meio da educação.

Como bem pontuam Brito e Eugênio (2023, p. 5), "o livro não é um manual de instruções, mas uma possibilidade de rompimento com a manutenção de práticas pedagógicas racistas no âmbito da sala de aula, que visa sensibilizar docentes acerca das inúmeras opressões estruturais, a exemplo do racismo". Pinheiro (2023) explora os desafios e as implicações do racismo no contexto educacional e oferece estratégias práticas para transformar esses desafios em oportunidades de crescimento e mudança. O livro, desse modo, nos ajuda a refletir sobre nosso papel na sociedade e, ao mesmo tempo, se revela como um "guia" valioso para aqueles que desejam não apenas reconhecer, mas também combater ativamente o racismo no âmbito escolar, promovendo uma educação mais equitativa e consciente.

Os encontros do clube de leitura ocorriam regularmente, permitindo aos participantes o tempo necessário para ler e refletir sobre os materiais. Durante as discussões, havia o incentivo à abertura, à empatia e ao respeito, criando um espaço seguro para compartilhar opiniões e dúvidas. Informações contextuais e recursos adicionais eram proporcionadas para enriquecer ainda mais as discussões.

No decurso dos encontros mediados (sempre por colaboradores negros ou indígenas), havia espaço, havia espaço para comentar sobre conceitos-chave da educação antirracista, como privilégio, identidade racial, racismo estrutural, entre outros. Autores como Angela Davis, Ta-Nehisi Coates e Bell

Hooks sempre eram citados, fator que enriqueceu essas discussões, proporcionando uma base teórica sólida e perspectivas diversas para os participantes.

Um dos maiores desafios enfrentados durante a realização do clube foi despertar o interesse de um número significativo de professores e colaboradores para participar dos encontros e, consequentemente, envolvê-los com as questões antirracistas, uma vez que muitos deles nunca haviam discutido abertamente essa temática antes. No entanto, à medida que o clube avançava, tornava-se perceptível uma mudança significativa em atitudes e conscientização. Os participantes começaram a compreender as complexidades das questões raciais e a identificar maneiras de contribuir para a equidade racial na escola.

Sem dúvida, o clube de leitura teve e continua tendo um impacto profundo na cultura da escola. Os professores e colaboradores relatam estar mais cientes de suas próprias atitudes e comportamentos em relação ao racismo, e muitos têm se tornado defensores ativos da inclusão e da diversidade. Junto ao desenvolvimento de outros projetos, a escola passou a adotar políticas e práticas mais inclusivas, beneficiando também os alunos com uma atmosfera mais acolhedora e igualitária.

A escolha do livro **Como ser um educador antirracista**, de Barbara Carine, pelo Clube de Leitura, evidencia um compromisso significativo com a reflexão e a ação em prol da educação antirracista. Sobre esse compromisso, Pinheiro (2023) enfatiza na obra que o aspecto da formação é importantíssimo para qualquer escola que se propõe antirracista, e a responsabilidade formativa continuada deve ser assumida pela escola.

A seleção desse livro indica uma intenção evidente de explorar e compreender as nuances do antirracismo no ambiente escolar. Ao optar por essa obra, o clube buscou não apenas expandir o repertório literário, mas também fomentar discussões fundamentais sobre a construção de práticas educacionais mais inclusivas e equitativas.

Ademais, a leitura coletiva proporciona uma oportunidade significativa para os participantes explorarem as abordagens e perspectivas apresentadas pela autora, fomentando uma compreensão mais profunda das questões raciais e com o principal intuito de contribuir para a promoção de um ambiente educacional mais justo e consciente.

4.4 A importância da construção de escolas antirracistas: um projeto coletivo

Gomes (2005, p. 56) enfatiza que "ninguém nega o fato de que todos nós gostaríamos que o Brasil fosse uma verdadeira democracia racial". Isto é, que a sociedade fosse composta por diferentes grupos étnico-raciais em condições de igualdade social, racial e de direitos. Entretanto, as estatísticas referentes às disparidades raciais em educação, emprego, saúde e nas condições de vida da comunidade negra indicam que essa alegada inexistência de situação desigual não é respaldada pelos fatos.

Práticas antirracistas são aquelas que visam identificar e combater o racismo, com o objetivo principal de eliminá-lo ou revertê-lo (Pinheiro, 2023). Logo, a necessidade de pensar em escolas antirracistas não é apenas uma questão educacional, mas um imperativo social e moral. A iniciativa de criar espaços educacionais que promovam ativamente a igualdade racial reflete um compromisso coletivo em combater o racismo sistêmico que persiste em muitas sociedades.

Nessa ótica, as escolas que se comprometem com o projeto antirracista reconhecem a diversidade cultural, étnica e racial, além de buscar ativamente desmantelar estereótipos prejudiciais e promover uma compreensão profunda das experiências diversas dos alunos.

Importa mencionar que, ao resenhar a obra **Como ser um educador antirracista**, Brito e Eugênio (2023, p. 4) salientam que, ao buscar a construção de um mundo plural/diverso, "os espaços de poder precisam ser ocupados por pessoas negras, sendo elas homens e mulheres, transexuais, homossexuais, indígenas, heterossexuais. E, ao considerar uma escola como um espaço de poder, ela precisa ser plural nesse sentido".

A esse respeito, Pinheiro (2023) trouxe importantes reflexões ao destacar que todas as pessoas que trabalham dentro de uma escola desempenham papéis educativos e devem receber formação, não apenas os professores. Ao abraçar o caráter coletivo desse projeto, as escolas antirracistas envolvem não apenas educadores, mas também pais, alunos e a comunidade em geral.

A participação de todos é vital para criar um ambiente educacional que verdadeiramente celebre a diversidade, constr28ua uma consciência crítica sobre questões raciais e estimule o respeito mútuo. Essas escolas tornam-se espaços de aprendizado não apenas acadêmico, mas também de crescimento pessoal, onde os alunos adquirem conhecimento e desenvolvem habilidades cruciais de empatia, tolerância e justiça social.

A construção de escolas antirracistas representa um passo significativo na direção de uma sociedade mais equitativa e inclusiva. Ao promover a consciência crítica desde a base educacional, essas instituições contribuem para a formação de cidadãos capazes de desafiar preconceitos, reconhecer privilégios e trabalhar ativamente para a construção de um futuro mais justo e igualitário. Portanto, a importância desse projeto coletivo vai além das salas de aula, permeando o tecido social e contribuindo para a transformação cultural necessária para superar o racismo estrutural.

Cavalleiro (2001) propõe medidas a serem implementadas em uma abordagem educacional voltada para a promoção da igualdade. Em sua análise, ela aborda oito características fundamentais de uma Educação Antirracista:

1. Reconhece a existência do problema racial na sociedade brasileira.

2. Busca permanentemente uma reflexão sobre o racismo e seus derivados no cotidiano escolar.

3. Repudia qualquer atitude preconceituosa e discriminatória na sociedade e no espaço escolar e cuida para que as relações interpessoais entre adultos e crianças, negros e brancos sejam respeitosas.

4. Não despreza a diversidade presente no ambiente escolar: utiliza-a para promover a igualdade, encorajando a participação de todos/as os alunos/as.

5. Ensina às crianças e aos adolescentes uma história crítica sobre os diferentes grupos que constituem a história brasileira.

6. Busca materiais que contribuam para a eliminação do "eurocentrismo" dos currículos escolares e contemplem a diversidade racial, bem como o estudo de "assuntos negros".

7. Pensa meios e formas de educar para o reconhecimento positivo da diversidade racial.

8. Elabora ações que possibilitem o fortalecimento do autoconceito de alunos e de alunas pertencentes a grupos discriminados (Cavalleiro, 2001, p. 158).

Conforme sugerido pela autora, o reconhecimento do problema é o primeiro passo para enfrentá-lo. Ao admitir a existência do problema racial, a instituição demonstra disposição para lidar com as questões relacionadas ao racismo. Ademais, não podemos perder de vista que a reflexão contínua sobre o racismo é essencial para manter a conscientização e promover mudanças efetivas.

Essa atitude reflexiva implica um compromisso constante com a educação antirracista e a busca por práticas mais inclusivas, o que inclui o repúdio a atitudes discriminatórias como componente fundamental, já que a promoção de relações interpessoais respeitosas entre adultos e crianças, independentemente de sua origem racial, contribui para um ambiente mais inclusivo e seguro.

Outra medida importante é pensar na valorização e na utilização da diversidade como ferramenta para promover a igualdade enquanto estratégias positivas. Desse modo, incentivar a participação de todos os alunos, independentemente de sua origem, cria um ambiente mais inclusivo e enriquecedor, especialmente quando entendemos que a inclusão de uma história crítica e abrangente contribui para uma compreensão mais completa da sociedade. Isso permite que os alunos entendam as diversas perspectivas culturais e históricas, evitando a perpetuação de estereótipos.

No que se refere à diversificação dos materiais didáticos, vale mencionar que isso é essencial para superar a perspectiva eurocentrista. Nesse âmbito, a inclusão de "assuntos negros" contribui para uma visão mais equilibrada e abrangente da história e da cultura. Além do mais, educar para o reconhecimento positivo da diversidade implica destacar as contribuições positivas de diferentes grupos étnicos, o que promove uma valorização mútua e reduz estereótipos prejudiciais.

Fortalecer o autoconceito dos alunos pertencentes a grupos discriminados é outra iniciativa importante para promover a autoestima e o sucesso acadêmico, uma vez que a implementação de ações específicas contribui para criar um ambiente que valoriza a diversidade.

Nesse sentido, essas medidas apontadas por Cavalleiro (2001) refletem um compromisso abrangente com a promoção da igualdade racial e a construção de um ambiente escolar mais inclusivo e justo. Implementar essas ações pode ser fundamental para criar uma educação mais equitativa e sensível às questões raciais.

4.5 Considerações finais

Os educadores desempenham um papel central ao liderarem discussões sobre conscientização racial, incentivando a empatia e o respeito entre os alunos, e modelando práticas antirracistas em seu ensino cotidiano. No entanto, é importante destacar que a responsabilidade de construir uma escola antirracista estende-se além dos muros escolares, alcançando as famílias e a comunidade em geral.

A participação ativa dos pais, responsáveis e membros da comunidade é essencial para fortalecer o impacto dessa construção. O envolvimento de todos favorece a criação de um ambiente escolar que não apenas rejeita o racismo, mas também nutre a compreensão, a empatia e a valorização das diferenças como pilares fundamentais do aprendizado e do crescimento coletivo.

Diangelo (2018, p. 19) estabelece uma necessária reflexão ao explicitar que "o racismo é profundamente complexo e matizado", o que significa que sua compreensão está em constante evolução. Nunca podemos considerar nosso conhecimento sobre o assunto como definitivo ou completo, pois sempre há mais nuances para explorar e entender. É importante manter uma atitude de aprendizado contínuo e estar aberto a novas perspectivas e experiências que possam ampliar nosso entendimento acerca do racismo e suas ramificações.

Tal como Passos e Pinheiro (2021), acreditamos que auxiliar as crianças a desenvolverem uma imagem positiva de si mesmas, fortalecendo sua jornada na construção da identidade étnico-racial, e promover relações sociais mais inclusivas e respeitosas entre as diversas comunidades contribui para o progresso conjunto na construção do conhecimento.

Ademais, as reflexões empreendidas ao longo do estudo, tendo como base os autores aqui explorados, evidenciaram que valorizar e honrar as diversas experiências e perspectivas na educação, indo além do simples respeito ou tolerância, é um processo contínuo que se desenvolve no dia a dia das práticas pedagógicas.

Referências

BERND, Z. **Racismo e anti-racismo**. São Paulo: Editora Moderna, 1994.

BRASIL. Ministério da Educação e Cultura. Secretaria Especial de Política de Promoção de Igualdade Racial. **Diretrizes Curriculares Nacionais para a Educação das Relações Étnico-Raciais e para o Ensino de História e Cultura Afro-Brasileira e Africana**. Brasília, DF: MEC/SEPPIR, 2005.

BRITO, R. Casaes de; EUGÊNIO, B. Gonçalves. Resenha: como ser um educador antirracista. **Revista Amazônica**: Revista do Programa de Pós--Graduação em Educação da Universidade Federal do Amazonas, 8(1), 1-6, 2023.

CARINE, Bárbara. **Como ser um educador antirracista**: para familiares e professores. 1. ed. São Paulo: Planeta, 2023.

CAVALLEIRO, E. Educação anti-racista: compromisso indispensável para um mundo melhor. *In*: CAVALLEIRO, E. (Ed.). **Racismo e anti-racismo na educação**: repensando a escola. São Paulo: Selo Negro, 2001. p. 141-60.

D'ADESKY, J. **Pluralismo ético e multiculturalismo**: racismo e antiracismo no Brasil. Rio de Janeiro: Pallas, 2001.

DIANGELO, R. **Não basta não ser racista**: sejamos antirracistas. Barueri: Faro Editorial, 2018.

FERREIRA, A. de J. Educação antirracista e práticas em sala de aula: uma questão de formação de professores. **Revista de Educação Pública**, v. 21, n. 46, p. 275-288, 2012. Disponível em: https://periodicoscientificos.ufmt.br/ojs/index.php/educacaopublica/article/view/408. Acesso em: 30 jan. 2024.

GOMES, N. L. Alguns termos e conceitos presentes no debate sobre relações raciais no Brasil: uma breve discussão. *In*: BRASIL. **Educação Antirracista**: caminhos abertos pela Lei federal n° 10.639/03. Brasília, MEC, Secretaria de educação continuada e alfabetização e diversidade, 2005. p. 39-62.

GUIMARÃES, A. S. A. O recente anti-racismo brasileiro: o que dizem os jornais diários. **Revista USP**, São Paulo, n. 28, p. 84-95, 1996.

GUIMARÃES, A. S. A. **Racismo e anti-racismo no Brasil**. São Paulo: FUSP; Editora 34, 1999.

MUNANGA, K. **Uma abordagem conceitual das noções de raça, racismo, identidade e etnia**. Palestra proferida no 3° Seminário Nacional Relações Raciais e Educação – PENESB-RJ, 2003.

MUNANGA, K. **Uma abordagem conceitual das noções de raça, racismo, identidade e etnia**. Programa de educação sobre o negro na sociedade brasileira. Niterói: EDUFF, 2004. Disponível em: https://biblio.fflch.usp.br/Munanga_K_UmaAbordagemConceitualDasNocoesDeRacaRacismoIdentidadeEEtnia.pdf. Acesso em: 28 jan. 2024.

PASSOS, M. C. A. dos; Pinheiro, B. C. S. Do epistemicídio à insurgência: o currículo decolonial da Escola Afro-Brasileira Maria Felipa (2018-2020). **Cadernos de Gênero e Diversidade**, 7(1), 118-135, 2021.

PAULA, A. B. Construindo discursos que constroem sujeitos? Um debate sobre a contribuição da Lei 10.639/2003 na luta antirracista. **O Social em Questão**, v. 20, n. 37, p. 173-191, 2017.

PINHEIRO, B. C. S. **Como ser um educador antirracista**. São Paulo: Planeta Brasil, 2023.

Minibio

AUTORES

- **Adriana Moreira da Rocha Veiga**

Pedagoga (UFN). Psicopedagoga (UFN). Mestre em Educação (UFSM). Doutora em Educação (UNICAMP). Líder do GEPEPp – Grupo de Estudos e Práticas em Educação e Psicopedagogia e no Nós Afros & Originários – Centro de Referência em Educação Antirracista. Professora do Departamento de Fundamentos da Educação, atua no curso de Pedagogia, Licenciatura, no PPGE – Programa de Pós-Graduação em Educação e no PPPG – Programa de Pós-Graduação em Políticas Públicas e Gestão Educacional.

- **Alexandre César Gilsogamo Gomes de Oliveira**

Doutor em Educação pela Universidade de São Paulo – USP. Mestre em Filosofia pela mesma instituição. Coordenador Pedagógico na Rede Municipal de São Paulo. Cofundador do Coletivo Leste Negra. Como pesquisador, dedica-se aos estudos acerca das relações de poder em ambientes educacionais. Atualmente, tem buscado interlocuções entre as teorias freireanas e as práticas antirracistas.

- **Andressa Calderoni Jovanovich**

Graduanda em Letras (Português-Espanhol) no Instituto Federal de São Paulo (IFSP) – *Campus* Avaré.

- **Daniel Benedito Prado da Conceição**

Graduando em Letras (Português-Espanhol) no IFSP – *Campus* Avaré.

- **Edla Eggert**

Professora na Escola de Humanidades da PUCRS. Pós-doutora em Estudos Feministas pela Universidad Autónoma Metropolitana da Cidade do México – Unidade Xochimilco. Drª em Teologia pelas Faculdades EST, São Leopoldo. Mestre em Educação pela UFRGS.

- **Edmila Silva Gonzalez**

Doutoranda em Educação pelo Programa de Pós-Graduação em Educação da Faculdade de Filosofia, Letras e Ciências Humanas (EFLCH) da Universidade Federal de São Paulo (UNIFESP), linha de pesquisa Escola Pública, Formação de Professores e Práticas Pedagógicas. Mestre em Educação pelo Programa de Pós-Graduação em Educação – UESB (2021). Pós-graduada em Docência do Ensino Superior – Faculdade Dom Alberto (2021). Graduada em Letras – Língua Portuguesa e suas Literaturas pela Universidade Estadual do Sudoeste da Bahia – UESB/Jequié – BA (2017). Graduada em Pedagogia – Docência e Gestão de Processos Educativos pela Universidade do Estado da Bahia (2011). Integrante do grupo de Estudos e Pesquisas sobre Escola Pública, Infâncias e Formação de Educadores (GEPEPINFOR), vinculado ao PPGE/UNIFESP. Integrante do Grupo de

Pesquisa GELFORPE – Grupo de Estudos em Linguagem, Formação de Professores e Práticas Educativas, vinculado ao PPGED/UESB.

• Elisangela da Silva Pindobeira

Mestre em Relações Étnicas e Contemporaneidade (2021) pelo Programa de Pós-Graduação em Relações e Contemporaneidade (PPGREC – UESB/ODEERE). Licenciada em Educação Física pela Universidade Federal do Recôncavo da Bahia (2015). Pós-graduada em Psicomotricidade e Educação Física (UCAM). Pós-graduada em Psicopedagogia Clínica e Institucional (FAC). Pós-graduada em Atividade Física e Saúde (FAC). Pós-graduada em Inclusão e Diversidade na Educação (UFRB). Bacharel em Educação Física (UNIAS-SELVI). Atualmente é professora de Educação Física em escolas municipais e Supervisora do Subprojeto de Educação Física – PIBID.

• Eudes Marciel Barros Guimarães

Graduado em História pela Universidade do Estado da Bahia (UNEB). Mestre e doutor em História pela Universidade Estadual Paulista "Júlio de Mesquita Filho" (UNESP). Atualmente realiza pós-doutorado pela Faculdade de Filosofia, Ciências e Letras de Ribeirão Preto (FFCLRP) da Universidade de São Paulo (USP).

• Évelin Albert

Doutoranda em Educação pela Universidad Autónoma de Madrid. Mestre em Ciências da Educação pela Universidade de Lisboa e Mestre em Educação pela PUC-RS, com mais de 15 anos de experiência na Educação Básica. Também cursou duas especializações: Motricidade Infantil pela UFRGS e Psicopedagogia pela IERGS. Tem Licenciatura em Pedagogia pela

PUC-RS e cursou o Magistério pelo Instituto Estadual de Educação Estrela da Manhã. É uma pessoa apaixonada pela educação e direciona seu estudo no campo autobiográfico com pesquisas em docência, formação de professores, gestão democrática e alfabetização.

• Felipe Costa da Silva

Pedagogo (UFSM). Especialista em Gestão Educacional (UFSM). Mestre em Educação (UFSM) e Doutorando em Educação (UFSM). Pesquisador do GEPEPp – Grupo de Estudos e Práticas em Educação e Psicopedagogia.

• Fernando Gabriel Morais Martins

Graduando em Letras (Português-Espanhol) no IFSP – *Campus* Avaré.

• Gustavo Alves

Graduando em Biologia no IFSP – *Campus* Avaré.

• Isabelly Vieira da Silva

Graduanda em Biologia no IFSP – *Campus* Avaré.

• Luiza Coelho de Souza Rolla

Mestre em Educação na linha de pesquisa Ensino e Educação de Professores com dissertação intitulada **Liderança educacional:** um desafio ao supervisor escolar (2006). Graduada em Pedagogia – Supervisão Escolar pelo Centro Universitário La Salle (2001). Atualmente é diretora escolar na

Prefeitura Municipal de Porto Alegre. Tem experiência na área de Educação, com ênfase em docência e Supervisão Escolar.

• Mara Lucia da Silva Ribeiro

Doutoranda em Educação pela Universidade Federal de São Paulo – UNIFESP. Mestre pela mesma instituição. Especialista em Formação de Professores pelo Instituto Federal de Educação – IFSP e em Metodologia do Ensino de História pela Faculdade de Educação São Luiz. Pesquisadora do Grupo de Pesquisa e Observatório de Desenvolvimento Profissional Docente e Inovação Pedagógica – GEODDIP. Possui graduação em Pedagogia e Licenciatura em História. Atuou na Rede Municipal de Ensino de São Paulo como professora de história, supervisora escolar e coordenadora pedagógica. Atualmente dedica-se à pesquisa sobre formação de professores, políticas públicas e inserção profissional docente.

• Maria Beatriz Fernandes

Graduanda em Biologia no IFSP – *Campus* Avaré.

• Maurina Lima Silva

Graduada em Letras (Língua Portuguesa e Literaturas) pela Universidade do Estado da Bahia (UNEB). Mestre em Letras pela Universidade Federal de São Paulo (UNIFESP). Atualmente é doutoranda em Educação pela Universidade Federal de São Paulo (UNIFESP).

- **Neiva Viera Trevisan**

Pedagoga, Especialista em Gestão Educacional (UFSM). Mestre em Educação (UFSM). Doutora em Educação (UAM – Universidade Autônoma de Madrid, Estágio Pós-Doutoral em Educação (UFSM). Pesquisadora do GEPEPp – Grupo de Estudos e Práticas em Educação e Psicopedagogia. Pesquisadora da FAPERGS/CNPq.

- **Renata Cristina Queiroz Rodrigues Souza**

Graduanda em Biologia no IFSP – *Campus* Avaré.

- **Taís Cristine Fernandes Batista**

Doutoranda no Programa de Pós-Graduação em História, mestre pelo Programa de Pós-Graduação em História da UFRGS. Especialista em Educação/PUCRS. Especialista em Sociologia/Centro Universitário Leonardo da Vinci. Especialista em Geografia/PUCRS. Graduada em História/Fapa – Faculdades Porto Alegrense de Educação, Ciências e Letras.

- **Wilker Augusto Vieira**

Graduando em Letras (Português-Espanhol) no IFSP – *Campus* Avaré.